L'OCÉAN ME DIT REVIENS

181 JOURS À LA RAME SUR L'ATLANTIQUE

ISBN : 978-2-263-18074-3
Code éditeur : L18074/02
Dépôt légal : septembre 2022

Retrouvez-nous sur www.lisez.fr

Solar, un département d'Édi8

Guirec Soudée
Avec Stéfan L'Hermitte

L'océan me dit reviens

181 jours à la rame sur l'Atlantique

SOLAR ÉDITIONS

À ma petite cousine Romane.

L'aventure commence
quand les problèmes arrivent.

PRÉFACE

Par la poule Monique

Je prends une de mes plumes pour vous écrire.

Il fallait que je vous le dise.

Guirec s'en va sans moi traverser l'horizon. Moi qui ai fait le tour du monde par les pôles Nord et Sud à ses côtés sans jamais avoir eu froid aux œufs !

Il paraît que je me fais un peu vieille et que c'est pour mon bien, car *Romane*, son rameur océanique, est trop exigu et bien trop sous-marin pour moi.

Il tient à moi, il ne voudrait pas me perdre, et il n'a déjà pas beaucoup de place pour emporter assez de vivres, alors je ne vais pas lui rajouter des sacs de graines et un poulailler de luxe.

Il part à la force des bras sur l'autre continent, par où le soleil se couche…

Ce n'est qu'un au revoir, qu'une affaire de quelques jours, me dit-il. Je connais la musique. Quand il se lance dans l'inconnu, il va toujours un peu plus loin, et on ne sait jamais où, quand et comment ça se termine.

En attendant, je garderai le caillou, je lui pondrai tous les œufs que je peux et je compterai les jours avec Bosco, mon acolyte de chien.

Bon vent, mon Guigui, fais bien attention à ne pas y laisser des plumes !

Ta chère Monique

ENCORE

C'est fini. J'ai joué, j'ai perdu. Tant pis. C'est le jeu de la vie.

Mais faire ça à Newt, mon amoureuse, à notre enfant qui grandit dans son ventre, à ma mère, à mes frangins et frangines, à mes potes, à ceux que j'aime et qui m'aiment. Quel égoïste ! Quel enfoiré ! Je m'en veux.

Je suis prisonnier, le bateau à l'envers et l'eau qui monte, qui dévore mon espace vital. Qu'est-ce qui m'a pris d'ouvrir ce deuxième hublot ? C'est le pire scénario...

Je voulais juste faire un léger courant d'air, et je n'étais pas censé me retourner maintenant, la tempête n'est même pas encore là ! Foutue déferlante !

Impossible de refermer le hublot, trop de pression, ce maudit bout* est aspiré en travers et m'empêche de le refermer, je commence à suffoquer !

L'eau qui monte chasse mon oxygène. J'ouvre la bouche, rien ne se passe, je suis comme une carpe

* Nom donné aux cordages sur un bateau. Prononcer « boute ».

agonisante à côté de son bocal ! Sensation horrible. Je n'ai pas d'autre solution, je dois sortir de là.

J'ouvre le capot principal pour me sortir de ce cercueil aquatique... et là, vlan ! un raz-de-marée finit de remplir l'habitacle, je suis projeté dans le fond du bateau, toujours en apnée, la scène se fige – combien de secondes passent ? aucune idée ! Me voilà en train de nager vers la sortie.

Bouffée d'air. Une, deux, trois. La scène est chaotique. Je m'agrippe à la coque de *Romane*... sur le toit.

Me voilà à califourchon sur mon bateau retourné, à moitié coulé. Il tient entre deux eaux grâce au compartiment avant qui est toujours hermétique, mais je fais comment pour le redresser ? Il est redressable et insubmersible sur le papier, mais pas quand il est plein d'eau !

Je ne peux pas mourir comme ça. Je m'en suis toujours sorti. Je suis là pour me confronter à l'imprévu. Je vais trouver la solution. Shackleton est revenu des glaces, Colomb est rentré des Amériques. Il y a toujours un chemin.

Je revois ce journaliste américain à Cape Cod avec sa remarque un peu limite : « Je ne sais pas si je dois vous le dire... » Ben si, dis-le puisque tu as amorcé le dialogue. « C'est-à-dire que le dernier gars comme vous que j'ai vu partir traverser l'Atlantique nord, on ne l'a jamais revu. » Cette phrase me revient, là, en pleine face. Je ne vais quand même pas lui donner raison. *Fuck.* Je préfère l'histoire du mec qui, deux jours avant, avait été avalé par une baleine et recraché vivant. La mer est mon élément, ma maison ; elle ne peut que me rendre aux miens.

La tempête va grossir, les prévisions annonçaient du 60 nœuds en rafales pour ce soir et des creux de six ou sept mètres ; je n'y suis pas encore mais la course contre la montre est lancée.

Je suis un point minuscule ballotté au milieu de l'immensité.

J'ai croisé des ours, j'ai vaincu des icebergs, j'ai franchi le cap Horn, je me suis retourné dans les Cinquantièmes. J'ai traversé un bout d'Australie à vélo, j'ai passé un an sur un crevettier, j'ai tourné cinq ans autour du monde en bateau, avec Monique, ma poule à plumes, d'un pôle à l'autre, j'ai hiverné quatre mois sur la banquise… Je suis déjà mort plusieurs fois. J'ai toujours été veillé par une bonne étoile. C'est peut-être mon père. Il doit être assis sur une branche d'olivier, tout là-haut, pipe au bec et regarder son Guigui se débrouiller. Il a toujours eu confiance en moi. Lui, il sait, lui, il me connaît. Stop, ne m'enterrez pas vivant. Je fourmille de projets, je veux faire le Vendée Globe, la mythique course en solitaire autour du monde, « l'Everest des mers », qu'ils disent. Je veux atteindre le pôle Nord. Je veux plonger en mini-sous-marin. Je veux donner la main à mon futur enfant pour lui présenter la planète. Je veux, je veux, je veux… Je vous vois en pleine cérémonie d'enterrement, d'enmerement, sous le grand clocher de granit de Plougrescant, vous marrer le cœur fendu, raconter toutes mes conneries, et même la dernière. Oui, je vous aperçois de mieux en mieux me dire un dernier adieu, les yeux embués d'eau salée. Mais sortez, retournez-vous, c'est moi, Guirec, qui vous fais coucou au large, derrière notre île, sur mon canot rose, qui souque ferme, qui me rapproche de vous. C'est marée haute, je rentre, je n'ai pas fini mon temps…

Je suis pressé de vivre encore.

La mer disperse mes affaires. Je les vois couler vers les grands fonds atlantiques.

Je ris. Je suis encore vivant. Ha, ha, ha !

Le vent ne m'emportera pas. Les abysses ne seront pas mon tombeau, il est encore trop tôt.

Mon mot préféré s'appelle « encore ».

Première partie
L'ALLER

1.

SIX MOIS PLUS TÔT...

Jour 1

L'infini. Enfin. Toujours plus loin, vers l'horizon. Je suis trop content de larguer les amarres. C'était une obsession, depuis deux ans, depuis mon retour du tour du monde par les pôles. Revenir, c'est partir. Je ne vis pas dans le rétro. J'ai trop envie de me retrouver là où je me sens le plus moi-même, quelque part au milieu de l'eau, fondu dans l'immensité, au plus près de la nature.

Comme si je voulais devancer l'appel de la mer, j'ai snobé le lit aux draps blancs de l'hôtel, j'ai dormi à bord de mon canot : 1,5 m^2, pas plus, même pas de quoi m'allonger en entier. Ça doit être dans les gênes. Chez moi, dans les Côtes-d'Armor, sur mon caillou Yvinec, dans la grande pièce de la maison familiale, subsistent deux lits clos bretons, qui ne font même pas la taille d'un homme normal. Il paraît que les anciens avaient peur que le ciel leur tombe sur la tête, ils se tenaient recroquevillés, à la fois apeurés et prêts à réagir. L'aventure commence quand on ne sait pas à quoi s'attendre, quand l'imprévu et le jamais-vu vous cueillent. Moi aussi, je dois aussi être prêt à m'extirper de ma couche. À l'ouest, il y a du nouveau. Je ne vais pas voguer sur un long fleuve tranquille même si j'espère bien être transporté par les vents portants. Je veux me casser. Je veux de l'action, je veux ramer.

Je n'ai guère fermé les yeux. La mer était agitée jusque dans le port. Les amarres n'arrêtaient pas de se tendre et de se détendre, secouant le bateau, comme s'il voulait rompre ses amarres, comme s'il voulait s'évader.

Sur le quai régnait une indifférence tranquille. Il nous a fallu venir jusqu'ici, sur ces ultimes pointillés de la terre d'Europe, dernier promontoire sur le large. Nous venons d'enquiller deux mille kilomètres et quarante-cinq heures de ferry. Yvinec – La Restinga, Bretagne-Canaries, un saute-bouchons et un saute-îles. Mes trois bons amis : Alice, qui m'aide dans mes projets depuis quelques années, Johann des Antilles, et Pierre de Bretagne, m'ont accompagné. Newt, est déjà de l'autre côté, à Saint-Barth.

Monique, ma petite poule, trop vieille pour un voyage incertain, est en poulailler de retraite, en Bretagne, avec des copines.

Je déteste les adieux style petits mouchoirs qu'on secoue et qu'on trempe de larmes. Un loup de mer armé d'un biniou a fait sonner un hymne celtique pour célébrer mon départ. Les notes se sont vite dissipées dans le vent.

Je suis excité, impatient, sans appréhension. Devant moi, une infinité de pages blanches et bleues. Je tente de traverser l'Atlantique à la force des bras, assis sur un banc, galérien volontaire, rien que le dire me remplit. Pas loin de trois mille milles nautiques soit plus de cinq mille kilomètres, de promesses, de nouveautés. Enfin... Je suis bien. Libéré, délivré. Enfin...

Céline et Claude, avec qui nous avions plongé la veille, m'ont remorqué avec leur bateau de plongée, pour m'écarter du port. Ils m'ont relâché une vingtaine de minutes plus tard.

C'est drôle : j'avais embarqué les clés du camion. L'inconscient de Pierre s'est réveillé à temps, mes amis ne rentreront pas à la nage.

Le cordon qui me relie à la terre ne s'effiloche pas bien vite. Deux nœuds à l'heure ne proposent qu'une séparation lente. Les petits bâtiments blancs d'El Hierro tardent à s'effacer, à annuler l'agitation humaine, à m'offrir ma liberté.

Je rame depuis trois heures, encore maladroit, quand un trait énervé perturbe mon paysage. Un nouveau zodiac fonce droit sur moi, je reconnais mes amis à bord. Alice brandit un sac et me l'expédie dans les airs. Mes crèmes solaires, mon dentifrice et mon savon ! Le sac était resté sur le ponton, j'ai bien failli finir en merguez rôtie.

Jour 2

La mer m'accepte. On m'avait prédit un infâme mal de mer. Je suis pourtant ballotté. C'est inconfortable, je suis trempé, mais aucun mal ne m'accable. J'avance de travers. Je me cogne les genoux dans les avirons. Je ne suis pas très à l'aise. Je ne me suis pas encore adapté à mon nouvel environnement.

J'ai le corps secoué, mais l'esprit bien en place. Je suis heureux. J'écoute à fond des paroles et musique du Tonnerre : « Quinze marins sur l'bahut du mort / Yop là hoo ! une bouteille de rhum / À boire et l'diable avait réglé leur sort / Yop là hoo ! une bouteille de rhum. » Moi qui ne bois pas, moi qui n'ai jamais pris une cuite. Tiens, ça dit aussi : « Et tu iras où tant d'autres sont allés. » Pour le coup, d'autres sont passés avant, mais on ne peut pas dire que ce soit l'autoroute. J'ai toujours préféré les chemins de traverse, ceux que tu penses être le premier à emprunter. En disant cela, j'ai un pincement au cœur en pensant justement à qui je pourrais croiser en chemin. Une pirogue de réfugiés avait accosté tout près du canot, quelques heures avant mon départ. Il y avait une cinquantaine d'hommes à bord, certains encore vaillants, certains couchés dans le fond. C'était choquant. Moi, je pars faire mon petit truc, je choisis ma petite douleur, et eux, ils jouent leur vie et leur avenir. Ça me reste dans la tête. Ce sentiment de gêne m'avait déjà transpercé lors d'une escale en Afrique du Sud à Cape Town.

Je logeais juste au-dessus d'un township, je prenais mon petit déjeuner et, juste sous mes fenêtres, se montrait une réalité opposée, les familles qui allumaient leurs feux pour le peu de nourriture qu'ils avaient réussi à récupérer. Voir tout ça face à face, c'est dur. Je mesure le gap qu'il y a entre moi et eux. Là, sur l'eau, je croise pas mal de bidons de gasoil qui ont alimenté les moteurs des pirogues qui tentent la traversée depuis les côtes africaines. J'ai peur de voir le pire…

Jour 4

Je ne suis pas seul. Une étrave noire rehaussée d'un château blanc. Je croise mon premier cargo. D'où vient-il ? Où va-t-il ? Combien sont-ils ? Que font-ils ? Un sillage sur l'écran bleu. Des lignes de vies se croisent sans se voir, sans échanger. Une occasion manquée. La VHF ne crache que des grésillements. On ne se reverra jamais. Je n'ai même pas lu son nom. Seul et entouré. Chacun continue sa route. C'est la condition humaine. Je rame, il fonce. Il se confond bientôt avec l'horizon. J'ai la mer à trois cent soixante degrés. Je suis au centre d'un grand tout. C'est vertigineux.

2.
POURQUOI ?

« Des centaines de fois avant le départ,
on m'avait demandé "Pourquoi ?"
Pourquoi faudrait-il que tout serve directement
à quelque chose, que l'inutile soit obligatoirement
considéré avec suspicion ? Brigitte Bardot,
les Folies Bergère, la tour Eiffel, c'est utile ?
Pas précisément. Mais l'homme a besoin des rêves,
et ce monstre d'inutilité de la tour Eiffel fait
tellement plus rêver que les très utiles viaducs
du même ingénieur. »

Gérard D'ABOVILLE,
L'Atlantique à bout de bras

Mais qu'allais-je faire dans ce canot ? Et un, et deux, et trois... Un coup de rame toutes les quatre secondes, quinze par minute, neuf cents par heure, douze heures par jour minimum, dix mille huit cents par jour, soixante jours, cinq cent quarante-huit mille fois le même geste. Si on multiplie par deux, puisque j'ai deux bras, on dépasse le million. Et un, et deux, et trois... C'est le régime des galères, le fouet en moins. Sauf que je me suis enchaîné de mon plein gré. Et ce bel exercice de musclé, on le fait sans voir devant, puisqu'on rame dos à la route, comme pour ajouter une torture mentale à une maltraitance physique, moi qui aime tant me projeter de l'autre côté de l'horizon. Qu'allais-je faire dans ce canot ? Tais-toi et rame. Comme je ne peux pas me taire, je vous explique. J'ai une pathologie évidente : je ne peux pas rester en place bien longtemps, j'ai une bougeoïte chronique, possiblement incurable.

À l'école – j'en ai fréquenté treize, jusqu'à intégrer la quatorzième, celle de la vie – je délaissais les grands carreaux de mes cahiers blancs pour les carreaux des fenêtres qui ouvraient sur le monde. Je regardais toujours par la fenêtre. Je snobais Molière ou Pythagore parce que j'avais aussi l'âge con. J'observais les feuilles des arbres et pas celles que j'avais devant moi. Je me transportais le plus souvent en mer, je me posais mes propres problèmes de maths et de physique appliquées, je m'imaginais sur tel ou tel engin navigant, dans tel ou tel endroit, en fonction de la force et du sens du vent, du courant, de la pluviométrie, de la température, de mon humeur.

À Yvinec, sur mon caillou, même en très bonne compagnie, même autour d'un bar de ligne à l'huile d'olive sorti du feu de bois, je ne peux pas rester assis bien longtemps sur les bancs qui longent la grande table en chêne, il faut que je tournicote. Ma tête est un accélérateur à neurones, une baratte à idée, une urne où s'entrechoquent les boules au moment du tirage du loto. Sauf que j'ai bien plus de quarante-neuf idées qui tournent et retournent. Au bout d'un moment, je tire une boule dans cette grande boîte aux idées qui tournent. Traverser l'Atlantique sud à la rame, ce n'était pas vraiment prévu, c'est ça qui est sorti. Il fallait bien que je m'occupe...

À la base, j'avais croisé un rameur, Jérôme, dans les allées sans embruns mais avec tant de promesses, du salon nautique, pas bien longtemps avant de s'offrir les cadeaux du Noël 2019. C'est Magic le Nautic. C'est un magasin de jouets. Tu es comme un gosse au milieu de pleins d'engins géniaux qui te feront surfer, naviguer, plancher, voler, plonger, nager, voguer. Autour de chez moi, entre cailloux et courants, j'ai conjugué à peu près tous ces verbes. Ramer ? À sept ans mon père m'avait offert un petit canot en bois. Il est bleu, blanc et rouge, je l'ai encore, et il est posé dans l'herbe, tout près du poulailler de Monique. Mon père avait une grosse barque en bois baptisée de son surnom, Stanys. J'ai donc donné à mon canot le nom d'« annexe Stanys ». C'est pratique. C'est vite à l'eau. Deux avirons à tirer et tu peux aller ramasser tes casiers à homards ou t'évader entre flots et cailloux. Je dispose aussi d'un autre canot, en plastique durable, pour faire la navette entre l'île et la côte. Ramer n'est pas mon activité favorite, ce n'est guère ludique, c'est surtout pratique. Jérôme m'avait présenté son rameur transocéanique. Huit mètres de long, une tonne à plein. Du costaud. Grosso modo : un tiers pour vivre, un tiers pour ramer, un tiers pour entasser le matériel. Du contreplaqué marine stratifié. De l'indestructible, de l'insubmersible. Jean-Michel Viant, l'architecte, avait conçu un modèle rustique pour une course annuelle entre le Sénégal et la Guyane dans les années 2010. Une trentaine de sister-canots ont été mis à l'eau. Jérôme en possédait donc un. Il est jeune toubib, il était allé couper le tropique du Cancer à la poigne. Il m'avait motivé, m'avait glissé : « Le bateau est pour toi, tu verras, en soixante jours, c'est traversé. »

Il m'avait bien vendu le truc, la vie d'homme-poisson, au ras de l'eau, en osmose avec l'élément et avec soi-même.

C'était cool, comme programme, parfait pour assouvir mon manque de grand large et d'aventure. Je me laisse vite emporter. Fallait quand même trouver un peu d'argent pour acquérir le canot. J'ai remis cette idée dans ma tête, et continué d'arpenter les allées du Salon, de me projeter sur d'autres projets.

Depuis le 15 décembre 2018 et mon retour de tour du monde en cinq ans (c'est quand même un peu plus que Jules Verne), je m'ennuyais un peu. C'est sympa de multiplier conf, interviews, film, livres, interventions. J'aime les gens. J'aime rencontrer. J'aime le partage. J'aime allumer des envies. Mais je passe en boucle la même histoire, je me répète. J'adore le film, mais je me sens comme un projectionniste enfermé. Ce n'est pas mon vrai métier. Il me manque quelque chose ; c'est comme si j'étais en classe, je suis là sans être là, je passe par la fenêtre, j'ai un besoin vital d'action, d'exploration de moi-même et de nouvelles contrées.

Le projet qui me fait le plus vibrer tourne autour du Grand Nord. Je suis resté sur ma faim après mon hivernage de cent trente jours (avec Monique) au Groenland. À l'échelle de la région, ce n'est rien. Je n'ai pas trop bougé. Le Grand Nord, c'est un grand infini, un énorme ailleurs. La faune est très différente du reste du monde – ours, caribou, phoque, baleine. Je ne me suis offert qu'un aperçu. J'ai bien envie de traverser le Groenland à pied, j'étais sur le point de le faire au printemps dernier quand le Covid a foutu tous mes plans à l'eau. J'avais les billets, le point de départ, même Johann, mon pote de Saint-Martin, aurait été de la partie. Tant pis, ce sera pour plus tard. Je projette aussi un truc que personne n'a encore réussi, et donc que je ne peux pas trop révéler, j'ai été à deux doigts d'acheter un bateau d'expé de soixante pieds pour le tenter. Et puis, finalement, j'avais opté pour en faire construire un plus adapté à mes besoins, genre char d'assaut, un Tara, l'ex-bateau polaire de Jean-Louis Étienne, en plus petit, qui te permet de te promener à peu près partout. Un moment, j'ai imaginé une petite traversée de la Manche sur cent cinquante kilomètres non-stop en paddle, des Cornouailles à chez moi, dans les Côtes-d'Armor. Ou à la nage. Avec un pote, Antoine, on avait commencé à regarder les courants, à réfléchir s'il fallait le faire en combi ou en maillot, s'il fallait engraisser avant...

Quand j'ai vraiment envie, je me donne les moyens, je fais les yeux doux à la banque qui sait aussi que jamais je ne l'ai plantée, j'oublie de montrer ce qu'on ne saurait voir dans les comptes, je pars avant d'avoir bouclé le budget. Deux ans quasiment sans s'extirper de l'ordinaire, à planter le potager, ce n'était plus tenable. Aucun projet ne se concrétisait. J'étais frustré. Il me fallait un truc simple, rapide, efficace, qui me ferait vibrer. En octobre 2020, j'ai rappelé Jérôme, je suis allé chercher le canot à La Forêt-Fouesnant. Y avait plus qu'à...

Je ne suis pas du genre à serrer ceintures et bretelles avant de me jeter dans quelque chose, à dévorer la littérature de ceux qui m'ont éventuellement précédé sur la mer, de A comme Arthaud à Z comme je ne sais pas qui, à décrypter les modes d'emploi en araméen marin ou en langage dauphin. J'évalue, je me jette et je vois. Je suis pressé ; je suis toujours pressé. Un projet comme ça, c'est un ou deux ans à le monter – financièrement, techniquement, moralement. Je ne suis pas câblé pareil. J'ai la bougeoïte, je vous dis, le temps est précieux. J'y vais aujourd'hui, demain est déjà trop tard.

Il me restait deux mois pour dégrossir le dossier. La période Covid n'accélérait pas les choses, tout semblait arrêté, gelé. Peut-être encore plus sur mon caillou où on peut quasiment vivre en autonomie sans croiser personne.

Le téléphone breton m'a permis de dénicher quelques profs super pour des cours de soutien accélérés.

Gilles, dentiste à Tréguier, qui a fait deux fois l'Atlantique sud sans se casser les dents, et Catherine, prof d'aviron à Brest, sont venus me coacher pour deux petites sorties de deux heures. J'en ai pris plein les oreilles : « si tu rames dans l'air, ça n'avance pas », « ça tombe, ça pousse », « pas de torsion du corps », « bien dans l'axe de la coque », « pas d'énergie sur le haut du corps ». Et un, et deux, et trois. C'était ça, le pas cadencé de l'armée ? J'ai à peu près écouté, à peu près obéi. Ça doit être ça, le bac, quand t'a glandé toute l'année. Tu combles tes manques comme tu peux. « Et si tu te retournes ? » Ah ! oui...

Mon embarcation n'est pas auto-redressable. Ce n'est pas un tonneau. Je me suis donc soumis à l'essai de retournement. C'est du style *escape game* : faut trouver la solution, sinon c'est foutu, tu es éliminé. Je me suis donc mis à l'envers. J'ai respecté la procédure. J'ai gonflé un airbag avec la pompe à main depuis l'intérieur de l'habitacle hermétiquement fermé. J'ai fait gîter le bateau en balançant le poids de mon corps de gauche à droite pour déséquilibrer le bateau jusqu'à ce que l'airbag latéral fasse le reste de l'instabilité et le redresse d'un coup. Sur le papier, c'est fastoche ; sur le plan d'eau glassy devant Gouermel, mission impossible. Je n'ai pas réussi. On s'est creusé la tête pour conclure que, lesté dans les fonds, le bateau réagirait comme il faut. Pas le temps de vérifier.

Dans le genre contrariété, il y a eu pire. Une société du coin avait accepté de me financer. Je n'ai pas encore découvert le trésor de l'Atlantide, le budget est souvent le frein à mes désirs. Un mois avant le départ, j'ai senti le patron un peu fuyant, il ne me prenait plus au téléphone, il reportait nos rendez-vous. Et bim ! il s'est désisté. Heureusement la Région Bretagne m'a sauvé le coup. Que flotte au vent le Gwenn ha du, ainsi que le nom de mes partenaires les plus fidèles – Agaphone, Efisens, MGS et les autres.

De contretemps en refus, il était clair, jour après jour, que je n'arriverais pas à cocher toutes les cases de ma to-do-list…

Plein d'amis voulaient m'aider, accélérer mon apprentissage, je devais choisir.

Un de mes voisins, Jacques, qui en a beaucoup vu, qui a participé à deux tours du monde en bateau, qui a tourné des dizaines de films acrobatiques pour *Ushuaïa*, m'a ordonné d'aller vers l'Aber-Wrac'h rencontrer un dénommé Maurice Uguen, inconnu à mon carnet d'adresses. La voiture, la remorque, le canot, Newt (ma copine), Bosco (le chien), des ormeaux (congelés), des bars (frais) : la famille quasi au complet (hors gallinacés) s'est déplacée de deux heures vers l'ouest voir ce qu'il pouvait m'apporter. Ça devait durer deux jours, on est restés sept. Chez Maurice, à Plouguerneau, c'est la Nasa, le nid d'espion, la grotte miraculeuse. Il est routeur, mais plus que ça. Il a pointé au cap Horn, au pôle Nord, à l'Everest. Il y a des écrans partout, des antennes sur le toit, des livres de mer, des photos, un piolet, des câbles qui aboutiront un jour quelque part, des postes-émetteurs. Il y a même un reposoir pour chat où il est écrit « chat en psychanalyse ». Maurice n'est pas du genre à rajouter du bordel dans le cerveau du mec en partance pour une aventure. « Faut juste que tu saches, m'a-t-il glissé, que tu vas être projeté dans une situation inhabituelle, que tu vas te retrouver dans un shaker, toujours en mouvement, sans référentiels habituels, et qu'au-delà du mal de mer éventuel, le corps va avoir besoin de s'habituer. »

Je crois pouvoir gérer. Maurice est intarissable. Il m'évoquait Poupon, Arthaud, Lamazou, Riguidel, d'Aboville, etc., plein de grands noms, plein d'aventures, je n'arrivais pas à tout enregistrer, je débordais, j'étoffais sérieusement mon bagage, je l'ai refermé comme j'ai pu. Devant sa grande bibliothèque, je lui ai demandé ce qu'il fallait avoir lu ; il m'a tendu une petite pile de livres. Il a aussi revu le canot, de la poupe à la proue. Dessalinisateur, panneaux solaires, électronique... il a tout checké. Maurice a de grandes oreilles. Dans une vie antérieure, il a été ingénieur télécom. Il est le roi des écoutes. Il m'a installé une forêt d'antennes. Allô ! Yvinec ? Je semblais paré à tout. Déjà, j'étais équipé d'un Iridium Go et d'un téléphone satellite de secours. Maurice avait aussi bidouillé une antenne haute fréquence pour communiquer ma position aux radios amateurs du monde entier – c'est le même système que celui de la dernière mission sur Mars. J'avais aussi l'AIS pour être repéré des autres bateaux, une radio VHF fixe ainsi qu'une portative avec petit chargeur USB de secours.

Marie, la femme de Maurice, m'a aussi nourri à sa façon. Elle est médecin. Elle me trouvait maigre, elle voulait que je m'engraisse. Elle excelle dans le far breton. Sa table est généreuse. Les entrées sont des plats, et les plats suivent, et les desserts…

J'aime bien les gens qui ne t'expliquent pas la vie, qui n'en rajoutent pas sur eux-mêmes, mais qui te donnent les petites recettes qui vont te permettre, toi-même, d'avancer. Je parle, mais je suis aussi à l'écoute. Les petits détails, souvent, changent tout, ceux auxquels même ton bon sens ne t'aurait pas fait penser. Un exemple : surtout emporter de la graisse à traire pour les zones du corps les plus sujettes aux frottements.

Je n'avais plus de temps pour être plus prêt. La météo n'allait plus pouvoir attendre. Je pouvais me jeter à l'eau. Maurice avait tamponné mon passeport : « De toute façon tu as de l'eau salée dans les veines. »

Je n'ai pas oublié de rebaptiser le canot. Je lui ai donné le nom de ma petite cousine emportée quelques semaines plus tôt par une sale vague qui s'appelle la maladie. Je voyagerai avec *Romane*.

Jour 5

Mon quotidien ? Je n'ai pas de poule à promener et, vu l'exiguïté du canot, je ne peux ni faire un pas, ni vraiment me mettre debout, ce qui limite le champ d'action. Je n'ai pas le choix : je rame au maximum. Je me lève avec le jour, vers 5 heures ou 6 heures, je ne rate pas un lever de soleil, c'est comme une récompense, et je rame deux heures. Puis c'est la pause petit déjeuner : porridge ou œufs brouillés en lyophilisé, biscotte avec du bon miel d'Yvinec, pâte de fruit et pâte à tartiner. Il faut aussi se faire plaisir. Après je m'y remets jusqu'à 13 heures, je n'oublie pas une petite sieste. Souvent, je me fixe de petits objectifs qui modifient l'horaire prévu. Et ainsi de suite, toute la journée, en écoutant de la musique. J'observe, surtout. Le paysage ne change pas beaucoup puisque je ne vais pas vite, j'attends qu'il se passe quelque chose, un petit surf, ce qui m'arrache des cris de joie, l'arrivée d'un nuage, un changement de lumière… Je suis aux aguets. Au bout du compte, ça doit faire huit à dix heures de rame par jour. La nuit, je me laisse porter, je sors l'ancre flottante si je sens que je peux reculer, et je me rentre dans mon mètre carré et demi. Tout ça est assez théorique, fonction de la météo, lié à mes envies ou à la beauté de l'environnement. Je peux aussi ramer la nuit. Bref, il n'y a pas trop de règle. Je rame beaucoup. J'ai un but. J'essaye d'avancer. Une légère complication vient se mêler à ce rythme.

Je n'ai pas fait fonctionner mon dessalinisateur les trois premiers jours car le bateau était un peu lourd, donc j'ai tapé dans les réserves d'eau minérale chargée dans les fonds de cale. Sauf que je me rends compte que les panneaux ne suffisent pas à faire fonctionner le dessal électrique. Me voilà contraint de sortir le vieux dessal manuel, un engin assez vintage, au début j'ai cru qu'il ne marchait pas, ça prend des plombes pour que les premières gouttes sortent du petit tuyau. C'est laborieux, je dois pomper plus de vingt minutes, en force, pour extraire un malheureux litre d'eau au compte-gouttes. Je nettoie bien mes panneaux solaires pour enlever le sel des embruns qui peut suffire à nuire à la bonne charge. Je croise les doigts pour que ce ne soit qu'une question d'inertie.

Jour 7

La mer est agitée. Il faudrait que je gagne dans le sud mais ça voudrait dire ramer travers au vent et à la houle, ce qui est fort acrobatique et risqué pour mes tibias – un violent retour d'aviron est vite arrivé. Le bonheur du jour sera ailleurs. Comme si mes plus proches voisins voulaient me consoler dans un numéro de ballets aquatiques. En ouverture, c'est un cétacé qui vient me saluer, mais furtivement, ce n'est pas assez. Il est pressé, il s'éloigne trop vite, je n'ai même pas pu identifier son espèce. Ensuite apparaît un banc de dorades, des dizaines de coryphènes scintillantes, lancées dans une étrange chorégraphie. Enfin, en clôture, le soir venu, se présentent des dauphins, si nombreux qu'ils sont impossibles à compter, qui rivalisent au saut en hauteur synchronisé. Rien que pour ça, le ticket pour Saint-Barth n'est pas cher. Monique, qui est curieuse de tout, qui aimait choper les poissons volants, aurait aimé.

3.

CE N'EST QU'UN AU REVOIR, MONIQUE

« Nous arrivâmes au-dessus de la ville.
– Où est le champ ? criai-je, à mon copilote !
– Tout près du terrain de golf.
– Où est le terrain de golf ?
– Je ne sais pas. »

Charles LINDBERGH,
Mon avion et moi

« Jamais sans ma poule. » Je l'ai dit, je l'ai même écrit à l'encre indélébile, d'entrée, comme un principe de base, à la première page de mon précédent livre, *Le Monde selon Guirec et Monique*, en ajoutant : « et moi, je n'irai nulle part sans toi. » Gloups ! La réalité m'oblige à ravaler mes mots. Il n'y a pas de honte à changer d'avis. C'est pour son bien. Monique a fait son temps de poule pondeuse et de poule aventurière. Elle a huit ans et pas plus de dents qu'avant. Elle est ménopausée, elle a mérité sa retraite. Elle a passé l'âge, et de faire des œufs, et de voyager. Dans une ferme, Monique, après ses trois ou quatre ans de ponte réglementaire, aurait eu la tête tranchée sur le billot. Poule au pot, poule au blanc, poulet barbecue ou poulet fermier. Elle a maintenant trois copines et trois hectares pour s'amuser sur l'île. Il paraît qu'elle peut vivre vingt ans. Parfois, je l'amène en mer. Elle m'a même accompagné au cinéma, c'était elle, la star, elle s'est même illustrée sur la scène du Grand Rex à Paris, juste après Madonna ! D'ailleurs elle n'a pas manqué de baptiser la scène. Je ne l'oublie pas. Sur un bateau de 10 m, avec une cabine fermée, elle avait de la place. Sur mon modeste esquif, elle n'aurait été que malheureuse. Et « Momo » peut déprimer, perdre son beau poil roux, perdre tout envie de se nourrir. L'emmener traverser l'Atlantique aurait été une punition. Je ne suis pas vraiment gallinacéthologue, même si pas mal de gens le croient, me demandent des conseils en nourriture, en soins, en ponte, en dents, je ne sais quoi, ou m'offrent gentiment des calendriers à effeuiller – comme celui que j'ai accroché dans la cuisine – avec une poule différente par mois. J'ai partagé un tour du monde avec elle cinq ans durant, je suis le mieux placé pour savoir ce qui est bien ou non pour elle.

N'empêche qu'une petite pointe de nostalgie m'a troué le bide quand je suis repassé aux Canaries. C'est là que notre histoire commune a commencé. J'entamais mon tour du monde initiatique. J'apprenais à peu près tout. Je prenais mon temps. Je rencontrais des gens, j'écoutais, j'observais.

Je traînais, le temps de renforcer mes connaissances du large qui étaient à peu près nulles. J'étais parti de Bretagne seul mais avec un petit regret. J'avais envie d'une présence animale. Pas d'un canari, d'un hamster ou d'un poisson rouge. D'un animal avec qui tu peux échanger, avec qui tu peux interagir. Mon père m'avait poussé à embarquer Igloo, notre golden retriever, qui était habitué à partir en mer avec moi. J'avais peur de lui imposer un monde trop étriqué. J'avais pensé à la poule. Ce n'est pas encombrant, ce n'est pas bruyant, et c'est pratique puisque ça pond. Cependant, les « spécialistes » de gallinacés m'avaient mis en garde : une poule stressée ne pondra pas. J'étais donc parti seul de Bretagne, un peu déçu. Lors de mon escale à Tenerife, j'avais fait part de cette idée de poule à Iao qui travaillait au club de surf d'El Medano. Le jour de mon départ pour ma première transat, il m'avait ramené un petit carton troué d'où dépassaient des plumes rousses. C'est de là qu'est née ma belle histoire avec Monique.

Monique, qui s'appelle ainsi tout simplement car, à bord d'*Yvinec*, il restait deux bols bretons que les anciens propriétaires avaient oubliés dans les équipées : un où il était écrit Jeanette et l'autre, Monique. J'ai flashé sur le prénom. La suite, c'est trop long à expliquer. Mais pour faire simple, Monique s'est tout de suite sentie l'âme d'une aventurière et n'a jamais manqué de remplir sa mission : six œufs sur sept jours ! Toujours avec le sourire !

L'idée n'était pas de la mettre en cage, elle se promenait dans le bateau. J'ai été très surpris de l'affection que j'ai pu avoir pour elle. Je m'y étais attachée, elle était une présence, elle me faisait marrer, sauf quand elle renversait de l'eau sur mon ordinateur, et quand elle chiait sur mes pulls. La voir pondre au Groenland, c'était quand même fou. Elle a été la poule la plus heureuse du monde. Elle n'était pas indifférente à ce qu'on vivait. Elle était devenue une compagne indispensable, même si sa conversation est limitée. Tout ne passe pas par la voix. On a par-ta-gé.

On s'est disputé les poissons volants dans les alizés.

On a admiré un feu d'artifice à Saint-Barth.

On a résisté à moins soixante degrés au Groenland.

On est resté bouche et bec bés devant les icebergs en Arctique et en Antarctique.

On a rencontré des creux de plus de dix mètres.

On a maté les couchers de soleil aux Grenadines.

On a grandi ensemble.

Je lui ai appris à nager. Je lui ai montré un tas d'animaux, des dauphins, des ours, des pailles-en-queue, des dorades, des requins, des calamars, du plancton, des baleines, des manchots, des aigles, des hommes et des femmes aussi.

Et on est rentré à Yvinec.

Je ne l'ai jamais trahie. Je l'ai sauvée de la casserole au moins deux fois.

À Pond Inlet, au Canada, j'avais un peu beaucoup oublié de demander l'autorisation légale d'entrer dans les eaux territoriales avec un animal, ce qui est très réglementé dans toute l'Amérique du Nord. Un peu plus sud, à Halifax, c'était passé facile. J'arrive dans ce gentil patelin perdu, où la douane se résume à une petite cabane en bois, plutôt décontracté. *Pond Inlet*, en langue inuite, ça veut dire « point d'atterrissage », une référence historique à un rocher que les goélands squattaient. Ils doivent aimer les animaux. Les deux douaniers sont « patibulaires mais presque », comme disait Coluche. « Des animaux à bord ? *No*. Des armes à bord ? *No ? Well*, on va aller vérifier. » Je me suis retrouvé menotté, embastillé, bateau saisi, en attente de jugement. Si l'un de leurs supérieurs n'avait pas dégoté ma page Facebook, c'était double peine pour notre équipage : l'expulsion pour ma pomme, l'exécution capitale pour Monique. Le goudron et les plumes. « T'as vraiment de la chance », avait maugréé le douanier le plus ronchon.

À Vancouver, quelques mois plus tard, après le passage du Nord-Ouest, j'avais annoncé sur les réseaux que mon prochain voyage m'amènerait en Polynésie et autour, pour des mois d'exploration. Je m'en réjouis. Hiva-Oa, Bora-Bora, Tahiti, Moorea, les Marquises… Je me vois déjà nager dans les eaux turquoise. Je sens déjà les colliers de fleurs de bienvenue autour de mon cou. Jusqu'à ce que Lauren, mon ex-copine, me forwarde la Une de *La Dépêche de Tahiti*. En titre : « Voyage de Guirec Soudée,

Monique la poule n'est pas la bienvenue ». À Tahiti, les coqs de combat sont partout, mais ils ne veulent pas de ma gentille Monique. Ils ont peur que Momo trimballe la grippe aviaire alors qu'elle passe son temps en mer. La loi c'est la loi. « Le gallinacé n'est pas le bienvenu », qu'ils écrivent en grand. Je risque 3 570 000 francs pas très pacifiques d'amende (soit 30 000 euros), et Monique, son cou. Je n'insiste pas, on passera notre route.

Monique et moi, on a presque tout partagé cinq ans durant. J'ai passé plus de temps avec elle qu'avec qui que ce soit. Je lui ai parlé plus qu'à quiconque.

J'aime Monique mais je ne veux pas être une sorte de « Tintin et Milou », accompagné jusqu'au bout de ses aventures par le même être. Je change, j'évolue, je grandis. Et elle aussi.

Bosco aussi était candidat tout désigné pour me tenir (bonne) compagnie. Bosco, c'est mon chien. C'est un husky croisé setter que j'avais récupéré dans le Grand Nord, en Alaska, à Hoonah, un village où il y avait plus d'ours que d'habitants. Je l'ai échangé contre une tronçonneuse puisque je n'avais plus de glace à découper. Mon hivernage était terminé. J'ai toujours un chien dans les pattes. Bosco m'avait accompagné de l'Alaska au Canada. Une petite année. Et puis Lauren l'avait ramené en France. Bosco et Monique s'étaient très bien entendus.

Je rame, en solitaire, vraiment en solitaire, et Monique me manque. Elle est dans ma tête. Elle est en photo dans l'habitacle. J'ai même voulu l'intégrer à la carène de mon bateau – sous la coque il est écrit en gros : « Oups, dites à Monique que je l'aime », petite touche d'humour en cas de retournement. Après coup, je me dis que, selon les circonstances, cet humour noir ne ferait peut-être pas l'unanimité à la maison.

Jour 8

C'est un truc à te faire disjoncter : tu avances, mais tu recules. C'est comme marcher à l'envers sur un tapis roulant. Si tu ne rames pas, tu recules encore plus. Y a de quoi devenir cinglé. Mais je pense aussitôt à Mike Horn, l'aventurier des glaces, des mers, des montagnes, d'à peu près tout. Quand il était en expé au pôle Nord, il marchait toute la journée face au vent, en tirant un traîneau, sur une banquise qui dérivait en sens contraire et le faisait reculer de plusieurs kilomètres par jour ! On est frères de galère. Parfois je me dis qu'il n'y a pas plus dur que ce que je fais. Je me plaignais qu'*Yvinec* – mon bateau, pas l'île – ne soit pas assez rapide, je ne le dirai plus jamais. *Romane* est lente… Je ne peux pas descendre en marche, j'ai signé, je n'ai pas d'autre choix que d'être patient. Normalement j'aurais dû avoir en permanence devant moi un GPS et un loch pour ma vitesse. Ils ne fonctionnent pas. C'est peut-être mieux. Je me libère un peu de tous les chiffres. Le matin, Maurice me décrypte la météo par mail, sens et force du vent, houle, cap à suivre. En avant. Je me guide avec le soleil, et la nuit, avec les étoiles

– et aussi, en théorie, avec le compas, mais il est fou, le bateau roule comme une coquille de noix, il n'arrive pas à se stabiliser. J'essaye de ne pas être trop obsédé par les chiffres, surtout quand je fais du nord, comme aujourd'hui, alors que je vise le sud-ouest. De temps en temps, je me connecte et je mesure où j'en suis. Je suis un « naufragé » volontaire entre deux continents mais, comme le répète le grand marin Loïck Peyron, « on a choisi notre douleur, on n'a pas le droit de se plaindre ». N'empêche que parfois la monotonie me guette. Pas longtemps, mais quand même...

Jour 11

C'est cadeau. C'est Noël. Surprise, surprise ! Les boules ! Comme dans un dortoir de colonie de vacances quand, soudain, au beau milieu de la nuit, des petits malins retournent ton lit. Bim ! j'étais à l'envers, mon matelas sur la tête, plus aucun repère. Vite fermer le petit hublot, qui dans le bon sens fait passer de l'air et dans le mauvais sens laisse rentrer de l'eau. Ouf ! il l'était...

J'avais fêté Noël, bien modestement, déguisé en Père Noël, version minimaliste – hotte vide, je ne pouvais pas m'encombrer. J'avais l'esprit ailleurs, je la sentais venir, la vague qui me renverserait. J'avais anticipé les dégâts, arrimé ce que je pouvais. Le vent s'établissait, la mer se creusait, ça s'annonçait. En vrai, j'avais envie que ça arrive. J'avais hâte. Un peu parce que j'aime l'action. Un peu beaucoup pour être sûr que j'étais capable de redresser le canot. Il est bien insubmersible mais il ne se redresse pas tout seul.

Alors manœuvrons. Vingt minutes de pompage, les pieds dans l'eau, la tête dans le noir de la nuit, le boudin vert extérieur a fait son effet, le canot gîte puis bascule. Il est à l'endroit. La pratique au grand large a confirmé la théorie. Ça roule, ma poule ! C'est tout moi : j'aime me mettre dans des situations difficiles, chercher l'issue. Défilent dans ma mémoire certaines anecdotes de situations limites desquelles je me suis dépêtré…

4.

GO TO AUSTRALIA

Good morning, my name is Guirec, I come from France.

Je ne savais pas dire grand-chose de plus en anglais. Mais je ne pouvais plus attendre. À moi, l'Australie ! J'avais hésité avec Hawaï, sauf que les États-Unis, c'est compliqué pour les visas, pour espérer travailler et donc gagner ma vie. Alors banco pour le tout bout du monde ! le pays-continent où il paraît qu'on ne rechigne pas à employer les bras courageux. Je veux m'acheter un bateau. Je rentrerai avec mon bateau !

Grosso modo, si on pique une aiguille à tricoter dans un globe depuis le petit point que fait Yvinec en Bretagne, elle ressort exactement sur l'Australie, de l'autre côté. Comme si j'avais voulu partir le plus loin possible.

J'avais assez perdu du temps. L'école ne m'apportait rien, j'allais bientôt être majeur, j'étais mûr pour le grand départ. J'avais besoin de concret. J'avais besoin d'un projet pour m'épanouir et me construire.

Edouard, mon frère, a essayé de me retenir : « Tu es fou, il faut que tu ailles jusqu'au bac. »

Je vivais le week-end à Yvinec, avec mon père, qui me laissait à peu près toutes les libertés.

J'avais tout pour être heureux, je n'étais vraiment pas à plaindre. Mais ce n'était juste pas ma voie. J'aspirais à prouver, à moi et à mon père certainement, que je pouvais être maître et acteur de ma vie. J'avais besoin d'écrire mon histoire.

Nolwenn, ma sœur, m'a prêté son sac à dos rouge avec lequel elle avait crapahuté au Pérou et en Bolivie. Il était largement assez grand pour ce que j'emportais. Un minimum de fringues, un couteau, une tente qui se monte en deux secondes, un guide *Lonely Planet*. Dans une ceinture avec un zip, j'ai mis tout mon argent : deux cents euros. C'était mon trésor. Je ne voulais rien de plus. Je savais déjà que jamais je n'appellerais pour que ma famille ou des amis me renflouent.

Nolwenn m'avait offert des muffins qu'elle avait elle-même cuisinés avec amour. Elle s'est énormément occupée de moi. Elle est tellement émue, tellement en larmes, qu'elle ne peut pas vraiment me dire au revoir, qu'elle s'éloigne pour cacher son trop-plein d'émotion. « Pleure pas, Nono. » Je suis plus jeune, je ne me rends pas vraiment compte de ce qui se joue. Ce n'est pas une déchirure, c'est un départ d'aventure, c'est peut-être le vrai départ de ma vie. Dans l'avion, je suis relax, je regarde des films. C'est un voyage qui dure quasiment une journée.

Une heure avant d'arriver à Sydney, quand même, je me fais un petit coup de flip. Bon et maintenant ?

Je veux apprendre l'anglais. J'ai toujours su que c'était important pour voyager, rencontrer, communiquer. J'avais cette incapacité à me concentrer. Je comprends vite qu'il est essentiel de parler la langue. Je remplis ma fiche de douane comme je peux. Je ne comprends pas, un fonctionnaire m'écarte, me met de côté. J'ai coché une mauvaise case, celle qui dit que j'importe plus de dix mille dollars cash.

Devant moi, l'inconnu. Je n'ai pas peur. Mais quand même...

Je vois un bus marqué « Sydney ». J'arrive *down town*. Il est minuit ou une heure. Les gens sont sapés, vont à des fêtes, je suis en décalage, je suis dans un autre rythme, dans un autre état d'esprit. Je rôde. Je déniche une petite place, une église, un banc. Je n'ai pas assez d'argent pour le dépenser dans une nuit d'hôtel. Je m'allonge, je m'endors. Jusqu'à ce que je sois réveillé par des rats. Dégueulasse ! Je change de banc. Je me rendors. Cette fois, c'est un éboueur qui passe le jet d'eau qui me sort de ma nuit. En vrai, j'ai la honte.

Je veux bosser. Je dois bosser. *Lonely Planet* parle d'une ville, Orange, où on peut bosser dans la cueillette de fruits. Je prends le bus. Le lendemain matin, je suis le premier devant l'agence d'intérim qui embauche pour les vendanges.

À la fin de la semaine, le chef appelait un par un les quarante ou cinquante gars qui bossaient dans les vignes et annonçait la paye de chacun. Je défonçais tout. J'avais les doigts charcutés mais je rentrais une production de malade. Je suis passé aux pommes. J'ai continué sur ce rythme. Je dormais sous ma tente. J'amassais. Un vrai Forrest Gump. J'ai pu m'acheter un vélo. Je suis rentré avec à Sydney, à trois cents kilomètres de là, mon sac sur le porte-bagages, un bidon de cinq litres d'eau de chaque côté. Je voulais prendre un avion pour Perth, sur la côte ouest, je savais qu'il y avait moyen de se faire de l'argent en embarquant sur un bateau de pêche.

D'abord je me suis baladé. J'étais heureux. J'étais au paradis. J'avais une sonnette sur mon guidon. Je sonnais tout le monde. Je signalais ma joie. Je dépliais ma tente au bord de l'eau. Je mangeais des flocons d'avoine avec du lait en poudre. Dans une auberge de jeunesse, un gars s'empiffrait de spaghettis, je n'avais qu'une envie : lui piquer. Je suis arrivé à Albany, complètement au sud-ouest, avec six dollars dans ma ceinture. Il fallait vraiment que je rebosse.

Je me suis essayé à des tas de jobs : jardinier, constructeur de piscine, barman, maçon et, ce que j'ai détesté le plus, plongeur – pas en mer, bien sûr, plongeur en cuisine.

Je n'oubliais pas de m'amuser, de nouer des contacts. Un jour, des filles super sympas s'étaient même cotisées pour me payer une nuit d'hôtel. J'ai fait de la planche, du kite. Je progressais en anglais.

Je découvrais le monde. Je découvrais plus que mon coin de Bretagne. J'étais hyper heureux.

D'aventure en mésaventure – vélo cassé en deux, épisode d'auto-stop épique avec des convoyeurs de fonds aux flingues et sacs de billets en vrac sur la banquette, la nana d'une auberge de jeunesse qui jette mon sac dehors, style « dégage, t'es trop fauché » –, j'ai fini par atterrir à Carnarvon, à mille kilomètres au nord de Perth. Là-bas, j'ai fait le tour des crevettiers à quai. Mes chances étaient limitées, pas plus de dix bateaux d'une trentaine de mètres attendaient la marée. « On est complet » : partout tombe le même refrain. Jusqu'à ce type avenant, Paul Smith, qui me tend la main et s'intéresse à moi :

« T'as déjà fait ce job ? – *Of course*, c'est mon job en France. »

Quand je veux quelque chose, parfois, je travestis un peu la vérité. Disons que j'anticipe. Je sais que je vais faire l'affaire. Je ne vais pas raconter que je suis chirurgien ou violoncelliste. Je me projette, c'est tout.

Un matelot ne s'était pas pointé. Trois quarts d'heure plus tard, j'étais en mer. Smith, le patron pêcheur a vite pigé que je savais peut-être pêcher la petite crevette au fond des mares bretonnes, mais pas la grosse qu'il chalutait au grand large. Chaque sortie durait au moins trois semaines. Il a vite compris aussi que j'étais courageux et pas compliqué. Il a fini par me nommer second capitaine. À bord, ça fumait, ça buvait, parfois ça chauffait. C'est un job pas facile, où les heures ne comptent pas. Parfois, c'était quarante-huit heures en continu. On balançait le chalut, on le remontait, on triait, en faisant gaffe de ne pas se faire piquer par les *stonefish* ou les serpents. Mais quand ça pêche bien, c'est le jackpot. Une bonne semaine, je pouvais récolter 8 000 dollars. J'ai fait la crevette au moins un an.

J'avais assez d'argent pour vivre.

J'en avais surtout assez pour m'acheter un voilier. J'en ai visité plusieurs. Je n'ai pas trouvé le bon. Je suis rentré en avion. J'en trouverai bien un ailleurs.

J'ai écumé les petites annonces. Finalement j'ai acheté *Loungta*, qui veut dire « cheval de vent » en tibétain, à Martigues, en décembre 2012, un 10-mètres. Pour 29 000 euros. Il avait la coque orange. Je l'ai repeint en vert et blanc, je l'ai rebaptisé *Yvinec*. Ce serait mon île itinérante.

Jour 12

Je rame, et quand je ne rame pas, quand je ne peux pas ou que je ne veux pas ramer, je lis. Je dévore, moi qui ne suis pas un lecteur assidu, *L'Africain du Groenland*, que m'a conseillé Maurice. C'est l'histoire, plus que vraie, de Tété-Michel, un Togolais parti sur les traces de son rêve : il avait découvert la vie des Inuits, à la librairie évangélique, dans un vieux livre écorné, avait ressenti une affinité incroyable avec eux et un désir irrépressible de les rejoindre. Ils le virent arriver comme une créature diabolique avant de faire ami-ami. Il avait voyagé six ans pour atteindre le Groenland. Six ans ! Tété-Michel est comme un frère d'aventure. Lui aussi a ressenti l'appel irrépressible du départ, à l'âge de la majorité. Il regardait les marcheurs de la tribu Haoussa s'en aller très loin, baluchon sur le dos. Il les a imités. Comme moi, qui voyais des voiliers s'évanouir dans un horizon qu'un jour j'explorerais. Il a fait aussi tous les boulots pour s'offrir son rêve, vendeur de paillasson, dactylo, traducteur, cariste. Lui aussi s'est laissé prendre par les glaces dans le Grand Nord pour éprouver des sensations nouvelles. Lui aussi a raconté pour partager. Il a même découvert la neige. Pas facile à raconter à des gens qui n'en ont jamais vu. Il écrit que c'est comme si tous les oiseaux blancs du ciel perdaient leurs plumes… Je regarde mon ciel. Il est sans oiseaux.

Jour 13

Dire qu'il y en a qui affirment que l'Atlantique sud à la rame, c'est fastoche, qu'il suffit de se laisser emporter par les alizés et les courants qui vont avec, que, même allongé sur un matelas pneumatique avec un cocktail de jus de fruits, tu arrives de l'autre côté ! Vas-y, toi, prends ma place ! En plus, je me suis compliqué le destin : je vise un point précis, Saint-Barth, beaucoup plus nord que la Martinique où les éléments climatiques amènent la plupart des traversées. La nature est bien plus insoumise que ce qui est dessiné dans les bouquins. Je ne sais pas ce que j'ai fait à Éole et compagnie, mais pas grand-chose ne va dans le bon sens. Je n'ai pas encore trouvé l'aiguillage qui me mettra sur les bons rails. J'envoie un mail à Maurice. « Tu ne crois pas que c'est une année particulière ? » Il me répond un « oui et non » qui me console à moitié. J'ai chopé deux dépressions. Je me prends des vents d'ouest. Je recule ou je tourne en rond. Je n'ai pas pu faire assez de sud. Ma route aurait dû ressembler graphiquement à une corde assez tendue, légèrement incurvée ; quand je la regarde sur l'écran de mon téléphone, elle fait des nœuds, elle tire-bouchonne, elle n'est pas assez cohérente. Je dois me retrancher dans ma philosophie de toujours : la vie n'est pas simple, il faut avancer et se battre, la vie est un océan d'obstacles. Ce n'est pas le Paris-Guingamp de 9 h 03, ce n'est pas la même ligne. On sait quand on part, on ne sait pas quand on arrive.

Jour 15

Ce sont des shoots. Des instants, des lumières conjuguées à des événements, que je voudrais pouvoir conserver, imprimer, partager. C'est de l'éphémère qui soudain se dissout. Deux flashs. Ce matin, je me guidais à l'étoile, je m'alignais avec *Polaris*, la lune m'accompagnait, comme si elle s'était rapprochée de moi. Pour un peu, elle m'aurait fait un clin d'œil. La mer était un lac, seul le bruit des avirons perçait un silence que mes gestes osaient à peine déranger. Magique, irréel. Et puis la lune a dû regarder l'heure, car elle a quand même un monde à faire tourner, et elle est partie se coucher, en ayant juste le temps de dire bonjour à un soleil orangé qui semblait encore bailler. J'aurais voulu que ça dure... Et puis, une douzaine d'heures plus tard, la lune est revenue. Deuxième gros flash du jour. La mer s'est allumée. Le plancton a mis ses loupiotes sur *on*. On a beau savoir que c'est scientifique, ça reste surnaturel. Je connais un tout petit peu la question, via un pote, Thibaut, qui travaillait pour Plankton Planet en association avec l'université de Stanford, avec qui j'ai collaboré en effectuant des relevés de plancton à bord d'*Yvinec*, au plus loin des côtes, jusqu'au point Nemo.

J'ai appris que le plancton génère la moitié de l'oxygène que nous respirons et qu'aujourd'hui il y a six fois plus de plastique que de plancton dans les océans. Il y a plein de microparticules dans les relevés, le poisson mange donc du plancton plastifié, et nous mangeons le poisson. Bref : l'humanité s'autodétruit dans un cercle infernal.

Tant que la lumière n'est pas éteinte, j'en profite. Il faudrait poser un trépied et appuyer sur « pause longue » pour peut-être immortaliser ces scènes uniques et privilégiées. Tout ne se capture pas. Tout ne se possède pas. Seule ma rétine imprime. C'est peut-être mieux ainsi.

Jour 19

Vingt-neuf ans ! Ni gâteau, ni bougies, juste un petit mot amoureux de Newt dans mon sac de nourriture du jour. Vingt-neuf ans. Ça file, c'est horrible. Je serai toujours jeune dans ma tête. Mais c'est une pelote qui se dévide à une vitesse folle. Sur la mer, la tendance serait plutôt à la machine à remonter le temps. C'est peut-être un symbole. Je ne veux pas avancer sur l'échelle du temps. Cinq jours à contre-courant. J'accepte la sentence. Qu'est-ce que je peux faire d'autre ? C'est un drôle d'exercice. Sans échappatoire. Tu ne peux même pas tourner sur le pont, tu n'as même pas une cour pour ta promenade quotidienne de prisonnier, tu peux juste te tourner vers toi-même, tu peux juste t'exercer à l'autoportrait intrusif. Je mue. Je deviens un drôle d'être : je ne suis plus bipède. Je vis au ras de l'eau. Courir et marcher me sont interdits. Je suis un homme de l'Atlantique. C'est la théorie de l'évolution en accéléré. Si je reste assis des jours et des jours, des ouïes vont me pousser ; mes jambes vont-elles se transformer en nageoires ? Heureusement, je ne suis pas dépressif. Tout au contraire. J'ai toujours tendance à voir le positif partout où il ne se cache pas.

5.

OSER AVANT QU'IL NE SOIT TROP TARD

« Un homme, ça peut être détruit,
mais pas vaincu. »

Ernest HEMINGWAY,
Le Vieil Homme et la Mer

J'ai donc vingt-neuf ans. L'an prochain, je change déjà de dizaine.

Un anniversaire, consciemment ou inconsciemment, c'est toujours l'heure d'un bilan, même à l'aube de sa vie. Je suis sûr d'avoir compris que notre passage sur terre était trop court et qu'il ne fallait pas attendre pour en profiter. Si ça se trouve, dans trente ans, je ne pourrai même plus bouger. Je n'ai jamais attendu d'avoir l'âge pour… À six ans, je sortais en mer pour tendre des lignes de fond entre deux rochers, je me levais, tout excité, pour aller les relever, seul, sans surveillance, et je rentrais réveiller mon père à 6 ou 7 heures, pour lui montrer les bars ou les lieus que j'avais pêchés. On m'appelait « l'enfant aux pieds nus ».

Un vrai Mowgly. Ça ne plaisait pas à tout le monde, dans ma famille, mes sœurs trouvaient qu'on me laissait un peu trop faire, qu'on était dans l'inconscience. Mon père, le plus souvent, laissait dire. De toute façon, s'il me disait, par exemple, de ne pas dépasser les Terreaux, des cailloux un peu au large, je ne l'écoutais pas. Les pêcheurs me traitaient de fou. « Gamin, tu ne vas quand même pas y aller ! » Ben si. Et pourquoi non ? Je guettais les déferlantes et, quand je sentais une ouverture, j'y allais, je récupérais mes casiers.

La mort de mon père a sûrement renforcé cette urgence. Il était au bout de l'île pour me voir partir autour du monde en novembre 2013, comme un phare éternel, et quand je suis revenu il n'était plus là. Une crise cardiaque survenue le jour où je coupais toute communication avec la civilisation, depuis mon hivernage au Groenland. On est peu de chose. On doit en profiter avant de n'être rien. Tout petit, je rêvais de courir, de voler, d'aller partout, de grandir, de m'agrandir. Je voulais savoir de quoi j'étais capable.

L'école serait une sorte d'échelle, qui te permettrait, barreau après barreau, classe après classe, d'être enfin apte à entrer dans la vie active. Il existe d'autres échelles, plus tordues peut-être, plus efficaces peut-être.

J'ai fréquenté treize écoles et je n'ai pas le bac. C'est drôle comme mot, « bac ». C'est comme si c'était le transbordeur qui te permettait de passer de la rive des petits à la rive des grands.

J'ai retrouvé quelques-uns de mes bulletins de note.

En cinquième, aux Cordeliers, à Dinan, je stagnais à 8 de moyenne. « Très peu d'efforts, quel gâchis », note la prof d'anglais. « Comportement souvent à la limite de l'acceptable, travail superficiel et irrégulier », ajoute le prof d'histoire. Redoublement.

En cinquième (re), à Sainte-Marie, à Dinard, j'ai gagné un point ! Ça ne me convenait pas beaucoup plus. « Gagnerait à rester concentré, beaucoup de dispersion », estime le prof de français.

Je me suis traîné et ennuyé.

Ce n'était pas là que je voulais être, je regardais par la fenêtre, je matais la liberté. Je ne pouvais pas me concentrer. Je n'ouvrais aucun cahier en dehors de la classe. Mon père, tellement désespéré, essaiera même les cours à domicile. En vain.

On me demande ce que je veux faire plus tard. Au début, je voulais sauver le monde, être Superman. Et puis, je suis passé à pompier, puis à pêcheur. J'étais au moins sûr de ne pas vouloir terminer dans un bureau. Un métier manuel m'aurait plu. Je suis débrouillard, bricoleur, j'aime trouver une solution à un problème matériel, plus que résoudre une équation mathématique.

Je sais que je ne suis pas un glandeur. Si un projet me plaît, je suis prêt à bosser comme un acharné. Ça ne se lit pas sur les carnets de notes.

Mon père me laissait aller vers mes envies. Il rêvait lui-même de tour du monde, je lui avais promis qu'un jour on le ferait ensemble. Malheureusement, il est parti trop vite.

Je n'oublierai jamais ce moment si irréel.

Uno, mon ami inuit, qui vient jusqu'à moi, dans la baie où j'hiverne, prisonnier volontaire des glaces, avec Monique, ses œufs, quarante kilos de riz et un litre d'huile.

Je suis joyeux. Il refuse ma joie. Il met sa main sur son cœur, me fait le signe « non ». Je ne comprends pas. Il me tend un téléphone. C'est une capture d'écran d'un message de ma sœur Nolwenn. Je lis mais je n'imprime pas les mots. Mon père est mort. Uno me prend dans ses bras. La veille, j'exprimais mon bonheur absolu face caméra. Là, je suis transpercé de douleur. L'éloignement ajoute à l'incompréhension. C'est décalé, impossible, inimaginable. Je ne pourrai même pas rentrer à temps pour l'inhumation. Son visage déjà s'efface. Il n'aura pas eu le temps d'être fier de moi, de partager mon grand voyage qui est aussi le sien.

La dernière fois qu'on se sera parlé, il aura répété qu'il avait « confiance en moi ». Il n'était plus tout jeune, mais il était solide comme un menhir, pour beaucoup, c'était une force de la nature, rien ne pouvait lui arriver. On s'était dit que bientôt il me rejoindrait pour un bout de navigation. C'était comme une concrétisation.

Je crois à l'au-delà, à quelque chose.

En attendant, on n'a qu'une vie sur terre. Il faut en profiter. Il faut la remplir.

C'est maintenant, pas demain.

Si tu n'oses pas quand tu es jeune, sans crédit, sans attache, tu ne franchiras jamais le pas. Si tu penses à tout ce qui va se passer, tu n'y vas pas. Tu n'as pas les clés, mais tout va s'ouvrir, et si ça ne s'ouvre pas, tu auras commencé à façonner les clés pour après. La vie, c'est trouver des solutions, c'est une succession de défis. C'est se constituer sa boîte à outils. C'est aller au bout de ce qu'on désire. Il faut se faire confiance, ça ne marche pas à chaque fois mais au moins on a essayé. Ma devise, c'est : « Qui ose gagne. » Si tu attends, tu n'y vas pas. Tu dénicheras toujours une fausse excuse, un truc qui te retiendra. Au fond de toi tu as envie, mais tu as aussi peur. Mais il faut y aller. Sinon tu t'écoutes : *c'est pas le moment, je manque d'argent, je manque d'expérience*, etc. Je suis parti en Australie avec deux cents euros et mes dix-huit ans ; je suis arrivé à Saint-Barth avec soixante centimes et Monique (qu'il fallait nourrir, en plus).

Qui ose gagne. Tu ne vas pas forcément tout réussir, mais au minimum il se passera quelque chose qui te sera très utile pour plus tard, qui va t'élever, te faire grandir, qui va t'épanouir. Il y a les optimistes et les pessimistes. Il y a ceux qui disent que les montagnes sont impossibles à déplacer, il y a ceux qui essayent, et qui vont déplacer des petits cailloux, des gros cailloux, des rochers.

Je n'ai encore jamais vraiment rencontré l'échec. Ça arrivera. C'est sûrement là où j'apprendrai le plus. Il ne faut jamais regretter. L'important, c'est d'avoir essayé, d'avoir tenté ta chance. Soit tu recommences, soit tu passes à autre chose. Tu continues.

Je reçois plein de messages de gens qui disent que je les ai inspirés pour faire ceci ou cela. Ma première aventure était assez perso. Et puis je me suis aperçu que ça intéressait du monde. OK, ça m'aide à gagner ma vie, à continuer cette vie d'exploration des contrées et de moi-même. Mais savoir que je peux faire du bien, que je suis utile, est quelque chose qui me remplit. Quand un enfant me dit qu'il veut arrêter l'école, je lui réponds : « D'accord, mais pour faire quoi ? C'est quoi ton projet ? » J'ai toujours des projets. Je mets la barre très haut. Je n'ai encore rien fait, ou si peu, je ne suis encore qu'un petit aventurier.

Je pense souvent au jour où je serai allongé sur mon lit de mort. Je n'ai pas peur de la mort. Je veux juste, au moment où je reverrai ma vie, ne pas avoir de regrets, avoir bien profité, avoir vécu à fond, me dire que j'ai bien kiffé. Je veux être à fond toute ma vie.

Je songe à acheter un bateau pour le Vendée Globe, je vais m'endetter presque à vie, mais j'ai quand même confiance, ça va le faire. Je dois avouer que je suis assez culotté ! Je pars toujours du principe qu'il faut aller au bout de ce qu'on entreprend, et que là, je n'ai pas d'autre choix que de faire en sorte que ça marche, sinon je me retrouve dans une merde monumentale. Ça va fonctionner ! C'est vrai que j'ai tendance à toujours foncer tête baissée et me dire que je trouverai des solutions sur le chemin pour que ça fonctionne. Jusqu'à présent, je m'en suis toujours sorti, donc je compte bien continuer sur ce chemin. Si j'avais tout calculé et écouté, je n'aurais pas fait grand-chose.

Il ne faut pas non plus partir au casse-pipe. Il faut bien réfléchir pour empiler les atouts. Il faut bosser, ne pas rechigner, ne pas reculer.

Le plus dur, c'est de se lancer, ensuite on s'adapte.

C'est l'esprit entrepreneur, c'est exactement la même chose. Si tu ne prends aucun risque, il ne risque pas de se passer grand-chose. Le risque est une chance.

Jour 23

Quand ça ne tempête pas sur la mer, ça tempête sous le crâne. L'homme a besoin d'être occupé. L'autre jour j'ai eu une envie subite d'en savoir plus sur le ciel qui me surplombe. J'ai demandé à Newt de m'envoyer de la doc sur l'astronomie. Mais je ne peux pas me concentrer bien longtemps sur un même dossier. J'ouvre tous mes bouquins en même temps, en commence un nouveau avant de finir le premier, même s'il m'intéresse. Les étoiles et les constellations, c'est bon pour le moment. Aujourd'hui je suis obnubilé par une nouvelle lubie : les abeilles. Newt fait beaucoup pour moi. C'est l'équipière qui n'est pas à bord. Je suis exigeant.

Dans la vraie vie, elle est architecte ; je lui demande parfois d'être météorologue, logisticienne, et là, je la transforme en documentaliste : je veux des renseignements sur l'apiculture. On dirait des envies de femme enceinte. À bord, j'ai du miel d'Yvinec, un délice, un goût de maison. Pour moi, c'est évidemment le meilleur du monde ; quand j'ouvre le pot, je suis tout de suite transporté chez moi. Mon grand copain Yves-Marie m'a aussi initié à ça. Yves-Marie, c'est une force de la nature. J'ai l'impression qu'il sait tout faire. Il a été scaphandrier, il est ostréiculteur, mais attention, il ne fait que des huîtres non trafiquées. Il fait de la boxe, de la godille, du cirque. Il a dix ans de plus que moi, il m'a initié à beaucoup de choses. Il a même été le premier à m'amener à l'*Albatros*, la boîte de nuit du coin, *the place to be !* Vous imaginez, vous, aller à Paris sans voir la tour Eiffel ? C'est pareil pour l'*Alba*, c'est l'attraction incontournable de tout Costarmoricain qui se respecte !

Yves-Marie, c'est mon grand frère de cœur. Il est vrai, droit, sain. C'est aussi lui qui m'a transmis sa passion pour les abeilles. Sur le terrain, il y a du lierre, de l'aubépine, de l'ajonc, des rosiers, des bougainvilliers, des violettes. Il n'y a pas de point d'eau. Elles sont malines. Je les vois, quand je vais relever mes casiers à homards, elles viennent boire l'eau salée. C'est sûrement leur breuvage qui donne à mon miel ce goût si original qui, quel que soit l'endroit où je me trouve, me ramène à la maison.

6.

HOME SWEET ÎLE

« J'arriverai bien un jour. »

Tété-Michel Kpomassie,
L'Africain du Groenland

Yvinec est une île. Yvinec est un paradis entouré de paradis. Souvent je me transporte tout au bout, à sa proue, je monte sur les rochers et je regarde, je fais la girouette, je balaye l'horizon. C'est beau partout. Et ce n'est jamais beau pareil.

Je sais peu de l'histoire d'Yvinec. Un jour, j'explorerai en détail le bureau de mon père, à l'étage. Pour l'instant, j'arpente son repaire comme un cabinet de curiosités qu'il ne faudrait pas déranger. Un arbre généalogique aux branches interminables trône à l'entrée. Un phonographe se tait. Un tableau de nœuds marin invite à prendre la mer. Dans un cadre, mon grand-père Marc défile sur les Champs-Élysées, fier et borgne, à la libération de Paris. Des photos jaunissent. C'est nous. Je suis leur résultat. Sur l'arête de son bureau, mon père a inscrit sa maxime préférée : « Tous les jours et à tous points de vue, je vais de mieux en mieux. »

Parfois Nadine, la sœur de mon père, m'ouvre les albums de famille. J'aurais aimé tous les connaître. Il paraît que mon grand-père avait une stature rare, qu'il était une sorte de De Gaulle, parfois je suis pressé de le retrouver dans un autre monde pour qu'enfin il me raconte. Avec ma grand-mère, ils avaient eu le coup de foudre pour Yvinec et l'avaient acquise pour une poignée de figues... de l'époque. C'était juste après la Seconde Guerre mondiale. Après des vacances dans le coin, sur le chemin du retour, dans le village de Tréguier, ils étaient tombés sur une petite annonce : « île à vendre ». Yvinec appartenait à dix-neuf personnes. L'une possédait la maison, les autres régnaient sur des petits arpents de terre où ils cultivaient la patate. Ma grand-mère était une femme de caractère et de prestance. J'aurais aimé aussi la connaître. Progressivement, mes grands-parents ont amélioré le confort sur l'île. Au début il n'y avait même pas d'eau courante, il fallait remplir des seaux sur le continent. Le grand grenier, qui servait de remise à filets de pêche, est maintenant un grand dortoir pour accueillir amis et famille. Dans la cuisine, sur un râtelier, se superposent plus de cent bols bretons avec nos prénoms. C'est notre arbre généalogique. Rien que mon père a eu huit enfants : Valentine, Éléonore, Édouard, Hortense, Maureen, Nolwenn, Fantig et moi, Guirec, le petit dernier. J'ai tout plein de cousins et cousines. Les rassemblements de famille l'été sont plus que chaleureux…

Mon père est un peu partout en photo, rieur comme s'il veillait sur nous. La caricature du loup de mer. Tout comme moi, il aimait l'aventure. Il a traversé deux fois l'Atlantique, dont une fois avec Eugène Riguidel. Après, j'ai compris qui était Eugène, un très grand marin, un monument de la course au large. Avec Eugène, on a gardé un lien, on s'appelle de temps en temps. Je l'écoute, plein de respect. Moi qui ne suis pas grand-chose face à son vécu.

Les histoires de mon père étaient des invitations aux voyages. Il y en a une qui me fascinait plus que les autres. C'était celle d'une boîte de café en alu, style Nescafé, qu'il avait posée sur le pont avant du bateau, lors d'une de ses traversées de l'Atlantique, et qui, tellement la mer était plate, ne vacillait pas d'un poil pendant des jours et des jours. Longtemps j'ai imaginé cette atmosphère figée, ce temps suspendu au milieu de nulle part… On n'a pas eu le temps de naviguer ensemble. Il est parti trop vite.

Quand mon père a divorcé de ma mère, j'avais sept ans. Il avait alors décidé de s'installer à Yvinec. Il en avait marre de la ville, du stress, de la course aux résultats, du bruit, de la cacophonie. Parfois il allait même planter sa tente tout au nord de l'île, dans les rochers, face à la mer, c'était son repaire quand il avait envie de se retirer.

L'île est devenue mon terrain de jeu, ma matrice. C'est une île au trésor, une île mystérieuse, c'est comme dans les livres, sauf que tu es maître des lieux. Je connais chaque caillou, chaque sentier, je peux m'y balader les yeux fermés. Le gouffre, tout au bout, où la mer pénètre violemment, où les vagues grimpent au-dessus des rochers. La lande juste en dessous, avec la tourbe qui fait un tapis si doux, où j'ai amené plein d'amoureuses pour leur faire admirer le ciel. Les onze oliviers courbés par les vents d'ouest. Les petites parcelles maintenant gagnées par une broussaille basse très touffue, mon spot à ruches. L'ancienne vigne – car mon père, très têtu, espérait produire du vin. Le champ de patates, le grand potager. Le terrain où je gare mon vieux tracteur. La grosse cloche qui sonne le rappel à l'heure du repas car l'heure, souvent, s'évapore dans les petites escapades quotidiennes. Le sillon de galets qui nous relie à l'île aux Pins voisine, modelée par les éléments. Ici la mer est partout, elle rappelle que c'est elle qui décide, modifie tout, elle est à la fois une complice et une adversaire…

La boîte aux lettres est en face, sur la côte, à un kilomètre. En visant bien dans les horaires de marée, le facteur pourrait traverser à pied… Et puis, comme deux pinces de crabe, la mer peu à peu enserre l'île en remontant de chaque côté et l'île devient île, et on ne peut plus s'y rendre qu'en canot. C'est le moment que je préfère. Surtout quand les coefficients de marée sont au plus fort et que la mer monte jusqu'en haut du muret. On se croirait sur un bateau. J'aime imaginer que c'est pour toujours…

On est presque autonomes.

Une grande éolienne, ainsi que des panneaux solaires, nous fournissent l'énergie. Un groupe électrogène assure les arrières. On ne vit pas à l'âge de pierre mais on n'est pas loin de l'autarcie.

Pendant le Covid, avec Newt, on avait relancé le potager et réensemencé le champ en pommes de terre, tomates, poireaux, courgettes, carottes, melons, fraises, échalotes, oignons, potirons, concombres... Pour le poisson frais et les fruits de mer, je connais les moindres recoins de mon vivier naturel. On a des ruches. Et, bien sûr, un grand poulailler pour Monique et ses copines. Pour tout vous dire, même si l'expérience viticole du paternel a échoué (Château Yvinec, ce n'est pas demain la veille), Yvinec pourrait être un bateau et voguer longtemps sans accoster...

Souvent on me dit : « Mais tu as tout ici, pourquoi tu vas voir ailleurs ? »

Parce qu'ici on voit encore mieux l'horizon et j'ai un besoin irrépressible d'aller voir ce qu'il se cache derrière.

Yvinec, mon bateau, est posé devant la maison, bercé par les flots. Il m'attend. Il est fatigué, un peu rouillé, mais toujours vaillant. De temps en temps, avant l'aube, Newt et moi mettons les voiles, cap sur une île au choix : île de Bréhat ? île de Batz ? les Sept-Îles ?

Partir, c'est aussi revenir. Partir, c'est se nourrir.

À bord, j'ai toujours une carte postale de mon île, une vue aérienne qui n'a rien à envier à Bora-Bora.

Mon île ne m'a pas enfermé, elle m'a ouvert.

Jour 26

Voilà que je suis rattrapé par les maths en plein océan. Interro du jour, catégorie calcul mental : sachant que dans mes prévisions je devrais être à mi-chemin, et que je ne suis même pas à quart-chemin, combien de temps vais-je théoriquement mettre pour toucher terre ? Quatre-vingt-cinq jours… Je recompte, ça donne le même chiffre. Après sept jours à l'ancre flottante pour essayer de limiter le recul, après autant de jours à renoncer à ramer, voilà la situation comptable. Ça pourrait être mieux. Ça pourrait aussi être pire. Ma trajectoire n'est pas bien belle. Mais les projections de Maurice Météo vont dans le bon sens. Il était temps. Une petite pensée pour Christophe Colomb et ses hommes qui allaient voir de l'autre côté de l'horizon sans savoir s'il y avait quelque chose, avec des marins qui imaginaient qu'il y avait peut-être subitement un trou où on dévalait en enfer, qui ne savaient pas quand ils reviendraient. Ou même s'ils reviendraient…

Jour 28

Enfin pas seul. Quelqu'un a frappé. Boum, boum ! Avec insistance. Boum, boum ! Ça résonne dans l'habitacle, j'ai l'impression que j'ai touché un rocher. Impossible, il y a quatre mille mètres de fond. Boum, boum ! Je sors et je n'en crois pas mes yeux. Une tortue ! Mais à quoi joue-t-elle ? Je la vois plonger sous la coque et se projeter pour la cogner. En plus, comme la mer est formée, *Romane* part au surf et l'impact est encore plus violent. La coque va céder, ce n'est pas possible ! Je me remets illico presto aux avirons. Pour faire la course avec une tortue ! Et ce n'est pas si facile, je dois relancer ma tonne à bout de bras, et la kamikaze insiste. Boum, boum ! Elle est rapide. Je ne vais pas couler à cause d'une tortue, je n'y crois pas. Il me faudra une demi-heure de bataille pour la semer. Une fable : le Canot et la Tortue. Sauf qu'à la fin, c'est le canot qui gagne. Je n'avais pas très envie de me remettre à l'envers. Même pour jouer. Je ne comprends toujours pas ce qui lui a pris, elle aurait pu y laisser sa carapace ! Peut-être qu'elle avait des démangeaisons ? Plutôt violente, la crise de gratte chez une tortue.

Jour 29

Combien de jours vais-je mettre ? Finalement est-ce important ? Mon temps devient élastique. Je me rappelle une anecdote de mon père, à l'époque où il travaillait au Togo dans l'importation de vin. Honoré, qui travaillait pour lui, était tous les jours en retard. Un jour, mon père lui demande : « Honoré, pourquoi es-tu toujours en retard ? » Et Honoré de lui répondre : « Toi, tu as la montre, moi j'ai le temps. »

La patience ne fait pas partie de mon univers. J'essaye de la dompter. Pourquoi vouloir étalonner mon voyage ? Quelle différence entre soixante,

soixante-dix ou quatre-vingts jours ? J'apprends le recul. Les mesures, les cadrans, les aiguilles, les chiffres perdent de leurs valeurs. Ce voyage me procure une autre notion du temps.

Jour 31

Chut ! faut pas le dire : j'ai mal à une couille. Elle est très irritée. À surveiller de près. Ah, ah !

Jour 32

J'adore manger. C'est mon plaisir, c'est mon carburant. Les milles – un bon cinquante la veille, et ça continue sur le même rythme –, ça creuse. Déjeuner lyophilisé : wok de Monique... euh... wok de poulet. C'est comestible. Sur Yvinec, la bouffe, c'est une religion. Du frais, du bon, du cuisiné. Si possible dans la grande cheminée noircie par les ans. Je ne sais pas si c'était de l'aile ou de la cuisse, en tout cas mon wok ne me suffit pas. Vous m'imaginez, au restaurant, m'empiffrer d'un deuxième plat principal ? Personne ne me regarde ? Allez hop ! nouveau lyophilisé, spaghettis bolo. Mauvaise pioche. C'est immangeable, de la bouffe pour chien (mais pas le mien). Envie de tout refiler aux poissons (mais ils ne méritent pas ça). La nourriture, ça aide à avancer et ça rythme la journée. C'est essentiel, voire sacré ! Aucun marin ne vous dira le contraire.

Jour 33

J'adore manger (*bis*). J'ai ouvert mon sac journalier et j'ai tout de suite repéré que mon best of m'attendait : pomme de terre-jambon-fromage. Ça vaudrait presque un étoilé. Mille calories de plaisir. Ce n'est pas bien compliqué à préparer : faire chauffer de l'eau dessalinisée avec mon petit réchaud et verser la quantité indiquée dans le sachet de lyophilisé. Ça ne reconstitue pas la tranche de jambon avec la couenne mais au moins il y a le goût. Il faut juste avoir assez d'eau, car elle ne tombe ni du ciel, ni du robinet. Le dessalinisateur électrique toujours HS, je pompe avec le dessalinisateur à main, au rythme d'à peine un litre en vingt minutes. Ce n'est pas la mer à boire. N'empêche que ça t'apprend la valeur du confort. La gestion des stocks est une autre affaire : je n'ai pas toujours le temps de pomper. Et là, justement, il m'en manque quelques gouttes pour donner vie à ma belle purée. Pas grave, je m'adapte, j'équilibre : deux tiers d'eau douce, un tiers d'eau de mer. Je cuisinais régulièrement avec cette méthode lors du tour du monde et c'était top. Sauf que là, la cata… C'est juste infâme, bon à jeter. J'ai gâché mon repas plaisir. Alors que depuis le matin je souquais avec énergie en salivant à l'avance. Je n'ai pas été récompensé.

Jour 34

Je vais peut-être revenir à la rame… Je n'en ai pas fini que déjà l'idée trotte, ou plutôt galope, dans mon ciboulot. C'est la faute à Gégé, à Gérard d'Aboville. Je ne suis pas un grand lecteur, néanmoins j'ai toujours été fasciné par les récits d'aventuriers, des invitations aux voyages et aux explorations. Avant de partir, j'ai emprunté deux ou trois bouquins dans les vieilleries de mon père. D'abord *Mon avion et moi*, par Charles Lindbergh, dit « l'aigle solitaire », le premier à traverser l'Atlantique, en avion, en 1927. Trente-trois heures et trente minutes en faisant du radada juste au-dessus des flots, en ralentissant même son moteur, pour demander la route aux pêcheurs en arrivant en vue de l'Europe. Respect. Lindbergh, c'est étonnant, a même été un voisin. De mes grands-parents. Il avait acheté l'île Illiec, celle avec le manoir. Il y a vécu six mois après la mort de son fils à la suite d'un kidnapping qui a mal tourné. Et puis il a fui la montée du nazisme en Europe pour finalement se réfugier dans une île de Polynésie. J'ai aussi emmené *L'Atlantique à bout de bras* par Gérard d'Aboville, que je n'avais pas ouvert avant, faute de temps. Là aussi, respect maximal aux pionniers. Soixante-douze jours. Dans l'autre sens, le plus dur, via l'Atlantique nord. Un pionnier, c'est quelqu'un qu'on a envie de suivre… En plus, j'ai découvert qu'il avait un point commun avec moi : Maurice était aussi son routeur. Chez lui, à l'Aber-Wrac'h, il m'avait évoqué d'Aboville, mais peut-être que j'étais dans un de ces moments où je ne suis guère concentré (ça m'arrive souvent), et je n'avais pas capté le lien. Le Nord, c'est le Nord, ce n'est pas le même climat, c'est subir des dépressions sévères, des vraies, c'est plus fort, plus vivant. Et puis, c'est aboutir en Bretagne, chez moi, ma région, et en plein été, quand Yvinec est fréquentée par une bonne partie de la famille. Les bonnes raisons s'empilent. Si je n'y vais pas je vais le regretter. J'ai sondé Maurice. « Est-ce que je suis prêt pour la route Nord ? » Il me connaît à peine, mais il mesure le contexte. Il ne dit pas non, il sent que ma motivation est une force qu'on ne retient pas, et qu'avec ce que j'ai déjà enduré dcpuis les Canaries j'ai acquis mon permis pour le Nord. L'avis de Maurice m'importe beaucoup. C'est comme un feu vert. J'envoie un mail à Alice : « Tu pourrais voir pour faire transporter le canot à Boston ou New York pour ensuite remonter sur Cape Cod, Massachusetts ? Depuis Saint-Barth... Ça ne doit pas être une ligne régulière. » Je lui demande aussi de ne rien dire à Newt...

Jour 35

Le Bon Coin, ça marche en mer ? Échangerait canot un peu lourd, pas très manœuvrant contre bateau rapide et aérien. Je croise la route du Vendée Globe. Je pars, ils rentrent. Tous les jours Newt me transmet un bulletin info perso : deux trois news d'actu, rien sur le Covid, la position d'un collègue rameur guide de haute montagne qui s'est élancé juste avant moi, un best of des commentaires de ma chère communauté et le point Vendée Globe. Je veux en être la prochaine fois. Je suis en pleine mer et je négocie ferme. Les bateaux sont rares et chers, il y en a deux sortes : les Formules 1 à foils, hors budget et plutôt destinés aux expérimentés, et les autres. Il ne faut pas brûler les étapes… enfin, pas toutes d'un coup. Je m'intéresse donc à un bateau à dérives droites, de 2006, très technique mais plus maniable pour un premier projet. De plus, il a été bichonné par Halvard Mabire et mené avec sagesse par Miranda Merron. Je suis à deux doigts et un demi-orteil de faire une proposition. Croiser Jean Le Cam ou Samantha Davies me donne encore plus envie de jouer avec eux. Ils engrangent facile en une heure ce que je totalise péniblement en une journée. Ils sont encore vingt-cinq, il y en a bien un dans le lot qui va vouloir échanger sa monture contre la mienne. J'essaye de contacter le concurrent le plus proche, Damien Seguin, qui signe une top-race alors qu'un de ses bras est dépourvu de main. Impressionnant. « *Apicil, Apicil,* pour *Yvinec,* est-ce que tu me reçois ? » Merde, je suis con, je m'appelle *Romane*. « *Apicil, Apicil* pour *Romane,* est ce que tu me reçois ? » Pas mieux. Portée max de la VHF, dix milles. En réalité, c'est très aléatoire.

7.

DE LA MER À LA LUNE

« Des paquebots aériens à moteur nombreux,
avec des étages, rendront dans l'avenir
les lignes transatlantiques,
transocéaniques, praticables. »

Charles LINDBERGH,
Mon avion et moi

Comme je ne m'interdis aucun voyage, j'avais bien sûr songé au Vendée Globe, la course en solitaire à la voile qui vérifie que la Terre est bien ronde. C'était passé dans ma tête pas toujours très carrée. Je devais avoir seize ans. C'était comme viser la lune ; le ticket me paraissait inaccessible.

Et puis, à Saint-Barth, avant de partir dans les glaces du Groenland avec Monique, j'avais croisé un vrai tour-du-mondiste, Éric Dumont, qui avait le droit à la boucle d'oreille, puisqu'il avait été cap-hornier. Éric a bouclé le Vendée Globe 1997 à la quatrième place. Il m'a conté le Grand Sud, ce territoire liquide insoumis, il m'a raconté l'aventure, les trois caps, l'accomplissement. Il a autant d'années au compteur que de transats, une soixantaine. Il vit sur la mer depuis tout petit. Il m'a écouté, il m'a sondé, il m'a regardé. Il est sorti en mer avec moi, avant que je mette les voiles pour le Grand Nord. Il se marrait quand il voyait Monique perchée sur les filières même quand *Yvinec* gîtait à trente degrés. Nos vies se sont croisées un moment. Il a fini par lâcher : « Y a un truc fait pour toi, le Vendée Globe. » Éric a insisté : en gros, je n'avais pas fait mes classes initiatiques avec la Mini-Transat ou la Course du Figaro, mais il pensait que j'avais le mental et la forme physique, que j'étais en mer comme chez moi. J'ai pris le compliment, je l'ai mis de côté.

Et puis (*bis*), quelques années plus tard, en décembre 2018, à mon retour de tour du monde, j'ai appelé Jacques Caraës, le directeur de course du Vendée Globe, pour me projeter. Je lisais tout, je suivais tout. J'avais vraiment envie de faire le suivant. Ça me chauffait grave ; il m'a refroidi. Il ne m'a pas dit que c'était une mauvaise idée, mais le prochain était trop tôt. J'ai pigé qu'il y avait un mot à retenir : anticipation. Un mot qui n'est pas trop dans mon dico perso. Un bateau de course de 18 m, c'est une sacrée équation. Il m'a ouvert le mode d'emploi. Il ne m'a pas refoulé, il m'a retardé. Il paraît qu'il y a beaucoup de cases à cocher, qu'être piqué du sens marin, c'est la base, que rien n'achète le temps d'apprentissage. Alors, j'ai à nouveau rangé l'idée.

Et puis (*ter*), cinq ans plus tard, je rame et je vois sur l'écran de mon portable, que je vais croiser le sillage du Vendée Globe : il faut que je sois du prochain, ça fait trop envie. Ça devient une obsession. L'horizon est dans mon dos puisque je rame sens contraire à la marche, mais je me projette sans cesse sur ce projet de Vendée Globe qui n'est plus un projet, qui est une certitude, une route déjà dessinée dont je n'ai plus qu'à compléter les pointillés. Je me vois dans un bateau ou dans un autre. Et celui de Miranda Meron ? Et celui de Benjamin Dutreux ? Faut en choper un vite, la demande dépasse l'offre. C'est aussi entrer dans un autre monde, intégrer une collectivité avec ses us et obligations, gérer un gros budget et diriger une équipe avec de nouvelles personnes et c'est sûrement perdre pas mal de liberté. Alice consulte beaucoup de gens et me prévient via un message que je lis et relis : « Sans vouloir te calmer sur le sujet, tu dois mesurer le mode de vie que ça va te forcer à avoir, et accepter les exigences auprès d'un sponsor auxquelles tu ne vas pas aimer te soumettre. On ne parle même pas des règles de course et des techniques. On est d'accord que, perdu sur ton bateau dans les Quarantièmes, c'est presque là que ce sera le plus facile pour toi mais qu'avant ça, y a tout un tas de choses que tu vas détester et que tu vas devoir t'y plier. » J'aime bien être entouré de franchise... Je n'arrête pas de solliciter Alice. Je lui demande d'appeler Roland Jourdain, Eugène Riguidel, et un tas de personnes du milieu, préparateurs techniques, chefs de projet, etc. Je suis bien barré sur le bateau de Miranda Merron.

Je demande à Newt de m'envoyer des photos. Ça prend un temps fou avec la communication via Iridium. Les photos me confirment que c'est le bon choix. Il est simple, fiable, abordable. Mais il y a du monde dessus. Il faut checker avec la banque. Il faut faire une proposition... Et puis je me calme. Je ne dois pas non plus me précipiter. C'est beaucoup d'argent pour le bateau, et bien plus chaque année en fonctionnement. Jamais encore je n'ai engagé autant d'argent. C'est beaucoup. J'ai toujours su trouver. Jamais ça ne m'a freiné dans mes envies. Même quand il me restait soixante centimes en poche... Je ne veux pas avoir trop de contraintes, je ne veux pas signer avec un partenaire relou ou vendre mon âme.

Bon, je ne suis pas encore en équilibre, heureux, sur les grandes houles des Cinquantièmes, accompagné d'une myriade d'albatros. Je rame.

Je me projette autrement : je joue aux pronostics. Je vois, depuis la boule de plexiglas qui me sert de hublot, Boris (Herrmann) devant Charlie (Dalin), Louis (Burton), Yannick (Bestaven), Thomas (Ruyant), Jean (Le Cam), Damien (Seguin), Giancarlo (Pedote), Benjamin (Dutreux). (NB : j'ai eu les neuf dans le désordre, pas mal.) La prochaine fois, je serai peut-être au bout de cette liste. Jusqu'à présent, mes aventures ont été solitaires, sans concurrence, sans chrono. Autrefois j'ai fait des compètes de planche à voile. Je suis sûr que je me prendrais au jeu, j'ai l'esprit de compétition. Je vais arriver en mode apprentissage, je vais quand même avoir très vite le désir de tirer le meilleur du matériel et de moi-même. Faudra le terminer, ce Vendée Globe, bien sûr, je me battrai à fond. J'aurai la fierté de partager une course avec des grands marins. Ça va me plaire…

J'oubliais : ce sera à nouveau sans Monique. Le règlement, c'est le règlement. C'est écrit dans l'avis de course, pas d'être vivant autre que le skipper. C'est une course en solitaire. Monique la poule n'aura pas la chance de Tintin le chien. Sur la Route du Rhum 1978, entre Saint-Malo et Pointe-à-Pitre, un original, Joël Charpentier, avait réussi à choper une dérogation pour embarquer son chien préféré, Tintin, sur sa goélette. Une belle histoire. Ils avaient même terminé cinquièmes, juste derrière Poupon et Arthaud.

Jour 37

Un canot basique de 8 m n'a rien à voir avec un Imoca de 18 m. Un Imoca, c'est un voilier de course full carbone taillé pour la vitesse, c'est, ni plus ni moins, une Formule 1 des mers. Il y a quand même une prise de tête en commun : les ballasts. Avant de passer à plus gros, je m'exerce sur plus petit. Les ballasts, c'est fait pour équilibrer. C'est aussi du poids à traîner. À moi de découvrir la meilleure façon d'avancer. Petit à petit, j'affine mes choix. La mer s'aplatit même si elle est encore hérissée de déferlantes épisodiques. Les premiers poissons volants m'annoncent une route moins chaotique. Alors je vide, à la poigne, litre après litre, la quasi-totalité des ballasts, ce qui doit faire cent cinquante à deux cents litres renvoyés en mer, soit autant de kilos. La traînée est moindre, je fonce – enfin, j'en avais l'impression. Résultat du jour : 38 milles. Je ne pige pas tout : un problème de courants peut-être, ou de captation GPS dans l'étalonnage des distances. Il est vrai que la mer est aussi croisée et inconfortable, pas très « lac suisse par pétole ». J'hésite à repomper, même partiellement, dans l'autre sens. Je choisis de me fier à mes sensations. Niveau stabilité, c'est souvent limite. Le canot a envie de se retourner sur lui-même. Les vagues m'assaillent sur bâbord, je dois me jeter sur le même côté pour garder un équilibre précaire.

Jour 38

C'est un peu l'histoire de l'enfant qui a une paire de ciseaux, qui ne sait pas trop bien encore quelle connerie il va commettre, mais qui va quand même passer à l'acte. Je m'attaque à mes cheveux. Faut bien s'occuper. Les divertissements sont rares et fugaces. Quelques pétrels égayent le ciel depuis quelques jours, et mon premier banc de poissons volants – signe que l'alizé doit être quelque part mais pas loin – s'est amusé à faire du ricochet sur l'eau, sans regret pour Monique qui n'aurait pas eu le bec assez long. Il y a des perspectives qu'on laisse de côté avant le départ, surtout quand on part à la bourre. Les dents ? J'avais donc oublié le dentifrice sur le quai d'El Hierro avant qu'un

Deliveroo improvisé ne me sauve de la mauvaise haleine. Les ongles de pieds ? Ben oui, ça pousse. C'est comme les cheveux. C'est de l'ordre du détail, vu de loin. C'est peut-être aussi du respect de soi. Je ne me vois pas voguer en Cro-Magnon des mers, chevelu et pouilleux. Alors je coupe. Et puisqu'il n'y aura pas de regards extérieurs pour me juger, autant s'amuser. Je taille façon iroquois. Dans une autre vie, j'aurais pu être indien. Les grands espaces, le champ des possibles, aller à l'ouest voir s'il y a du nouveau… Le principe de la coupe iroquoise, c'est une bande hérissée et colorée au centre, façon aileron, et rasage intégral sur les côtés. Force, puissance et spiritualité, qu'il paraît. Force ? Je ne suis pas le jumeau de l'incroyable Hulk, mais à force de me coltiner la nature, de nager en toutes eaux, mon torse commence à être costaud. Puissance ? Ramer sans s'arrêter de ramer, ça te forge. Spiritualité ? Je ne suis pas très pratiquant, mais je crois qu'il y a une autre vie après, que je retrouverai toute ma famille, à commencer par mon père. Je n'entends pas rester bien longtemps le dernier des Mohicans. Demain je rase tout.

Jour 40

Qu'est-ce qu'il ne faut pas faire pour aller vite… Des milliers de passagers clandestins prétendent profiter de mes efforts en s'accrochant à la coque. Des pousse-pied, des berniques, des gastéropodes

des eaux, des je-ne-sais-pas-quoi, des freinards, des empêcheurs d'avancer en tout cas. Alors je dois plonger, spatule et couteau à la main, pour les déloger. Je me fais des frissons de mauvais film. Le scénario, c'est toute une croisière qui s'amuse à sauter à l'eau sans mettre en place l'échelle et qui, au moment de remonter dans le cockpit, s'aperçoit que personne n'est resté à bord, que la coque est trop haute. En testament, ils laisseront juste des marques désespérées d'ongle sur la peinture noire... Glaçant. Ça ne peut pas m'arriver, le franc-bord est quasi au niveau de l'eau. Au cas où, je laisse aussi traîner un long bout. La sensation est toutefois impressionnante : quatre mille mètres de fond, ça file un étonnant vertige. Je gratte, ça occupe la tête. Je gratte, j'envoie ces maudits coquillages par le fond, jusqu'au moment – à la fin, bien sûr, quand on est moins vigilant – où un coup de couteau approximatif m'ouvre le pouce au niveau de la phalange. Le raccourci est vite fait, un nuage de sang au milieu de l'océan, si j'étais un requin je viendrais tout de suite voir ce qu'il se passe en surface. Bref, j'ai fini le boulot sans trop traîner. Je me suis remis aux rames. Je sentais le bateau allégé, heureux, efficace. Je vole, style dodo sans aile, mais je vole. Quasi cent kilomètres en vingt-quatre heures ! Plein ouest. Et si j'installais des foils ? Je ris, je plane. Et je refais des calculs. Sachant que le canot d'un petit Breton, qui rame beaucoup et qui n'a pas été verni par la météo, la houle croisée et les vents alternatifs, a déjà parcouru deux mille kilomètres sur cinq mille et que c'est le quarantième jour, quel jour arrivera-t-il ? Au moins cent jours ! Mauvaise réponse, en plein dans le piège. Maintenant, c'est tapis roulant, c'est les alizés, c'est comme si c'était en descente. Alors quatre-vingts jours ? Oui, parce que je le veux, parce que Newt, en bonne gestionnaire, a stocké finalement quatre-vingts jours de nourriture. Une chose est certaine : je me rapproche.

8.

SHARK ATTAQUES

Je ne suis pas un flippé des requins. Mais quand même. Ils ont de belles canines.

Une à deux fois par semaine environ, si la mer n'est pas trop agitée, je passe à l'eau. D'une part, il le faut pour optimiser la glisse et puis, c'est sympa, ça change de ma routine, ce serait bête de ne pas profiter de la plus belle piscine du monde, c'est unique.

Mais l'autre jour, quand, une heure après ma baignade, j'ai vu un aileron cercler autour du canot, je me suis quand même fait un mauvais film. Je n'ai pas envie de jouer dans *Les Dents de la mer*. Il était peut-être sympa, le requin malin qui me tournait autour. Va savoir…

En Australie, quand je pêchais à bord du crevettier, au nord de Perth, une goutte de sang jetée à la mer suffisait pour qu'ils arrivent de nulle part. Même si tu es à l'abri sur un bateau, tu n'es pas tout à fait à l'aise. Ce n'était pas non plus l'endroit le plus fréquentable. Ça s'appelait Shark Bay. Le requin trimballe une réputation qui fait office de répulsion.

Gamin, j'avais adoré *Le Vieil Homme et la Mer* d'Ernest Hemingway. C'est quasiment le seul livre que j'ai retenu de mes premières lectures. OK, c'est une fiction. Dans l'inconscient, forcément, cette histoire est restée gravée dans un petit coin. Le vieil homme, Santiago, égaré dans le Gulf Stream, n'a rien pêché en quatre-vingt-quatre jours. Il va enfin amorcer un énorme poisson. Le poisson veut avoir sa peau. « Tu veux ma mort, poisson… » Ce n'était pas un requin certes, c'était un marlin. Le vieux gagne le combat mais ne peut hisser sa pêche miraculeuse à bord, alors il l'attache sur le long du bateau. Le sang attire plein de requins, qui lui dévorent sa proie malgré les coups de massue du vieil homme. Il rentre au port avec juste l'arête et la tête. Parfois c'est la nature qui l'emporte.

Surtout, je viens d'apprendre par mon pote Johann le drame qui vient d'arriver à Saint-Kitts. Un requin s'est rué sur une jeune Américaine qui faisait du kayak, lui arrachant un bout de pied… Glaçant. J'ai abrégé notre conversation, pas envie d'installer cette angoisse en moi. Les Caraïbes, c'était *secure* pour la baignade. À Saint-Barth ou Saint-Martin, où j'ai vécu un petit moment, les requins-tigres évoluaient en paix. Une cohabitation sereine avec les hommes semblait acquise, un équilibre naturel entre les espèces. Un mois avant cette attaque, certainement le même requin avait chopé la jambe d'une nageuse d'une trentaine d'années à Saint-Martin, à la baie orientale, à une centaine de mètres du rivage. Malheureusement, elle n'a pas survécu. Tout le monde savait que ce requin, un tigre de trois à quatre mètres, rôdait ; personne n'imaginait qu'il pouvait attaquer, aucune alerte n'avait été lancée. Il devait avoir un grain. J'avais déjà vécu cette psychose en passant à la Réunion, jamais aux Antilles. L'écosystème est en mutation ; des règles, jusque-là établies, changent. Les Caraïbes ne sont pourtant pas réputées pour les attaques mortelles de requin, la dernière doit dater de plusieurs décennies. Ça fait réfléchir.

Alors bien sûr, en théorie, le risque que je me fasse choper au milieu de l'Atlantique est infime. N'empêche… Je ne suis pas chez moi. Je me surprends à bien regarder autour avant de sauter à l'eau, à régulièrement regarder derrière moi. L'eau est d'un bleu profond, la visibilité peut être limitée. Je reste attentif.

Je patauge dans l'eau la plus pure du monde, dans l'eau la plus belle du monde, c'est tout pour moi, et je ne peux pas faire la planche, m'éloigner un peu du canot, rire, taper dans l'eau, plonger un peu pour m'offrir des rencontres avec des poissons inconnus, m'offrir des sensations. Je ne me sens pas libre. Je me sens vulnérable. Autour de mon caillou breton, j'évolue en toute confiance. Au milieu de l'Atlantique, je suis aux aguets. J'ai même installé un dispositif artisanal anti-mâchoires assassines. Je m'attache à un bout. Si je me fais choper par un squale, inévitablement, il tentera de m'attirer par le fond. S'il tire et que ça résiste, il me lâchera. S'il emporte un bout de moi, je finirai la traversée en capitaine crochet ou en pirate à la jambe de bois. Mais je finirai vivant, ha ! ha !

Jour 42

Mon caillou breton est une poissonnerie à mer ouverte. Bars, mulets, homards, palourdes, coques. Mon canot est moins achalandé. J'ai beau lancer des lignes, aucune mâchoire ne mord. Mieux : la friture me nargue, me double, me zigzague. Rien de frais, excepté des petits poissons volants amuse-bouche, à se mettre dans l'estomac. Jusqu'à cette dorade coryphène, soit joueuse, soit câline, soit suicidaire, qui se frotte et se refrotte contre le bord du canot. C'est comme si elle avait dessiné une cible immanquable sur son dos irisé. Je n'avais qu'à me décider. En Bretagne, je pratique la chasse sous-marine. Le combat me paraît loyal. C'est pour se nourrir, le poisson est habitué à évoluer dans son habitat naturel, c'est le cycle de la vie avec divers prédateurs, chacun étant le maillon d'une chaîne, chacun ayant sa chance. Mais ici, au milieu de nulle part, le jeu de la vie et de la mort me paraît moins loyal. Je suis un adversaire inconnu, inhabituel. Ce serait de la triche. Alors je rends les armes. Mon regard de tueur potentiel disparaît. Cette dorade est juste belle, magnifique, magique. Je suis pensionnaire du grand aquarium, celui qui n'a aucune paroi en verre, qui couvre les trois quarts de notre boule bleue. Basta, la pêche miraculeuse ! Reste, petite dorade.

Jour 43

« Rame, rame, rame. » C'est le mot du jour glissé par Newt dans mes provisions. Faut quand même être maso. Ramer, galérer, et vraiment vouloir remettre ça. Je raisonne Alice sur l'histoire du container pour amener le rameur aux États-Unis. Je lui demande de vraiment pousser les recherches. Surtout, je dois en parler à Newt... Je relis les mots glissés dans les sacs de nourriture. « On pense fort à toi », « Je t'aime », « Tu me manques », « Tu y es presque », « Plus que quelques milles », « Passe une belle journée », « Bonne année ! », « Rame encore plus fort », « Tu peux le faire », « Tu gères », « On est tous avec toi »... Ils sont avec moi, je ne les ai pas encore retrouvés et déjà je veux repartir. Je ne dois pas oublier que je ne suis pas seul sur terre, faire la balance entre mes élans instinctifs et l'essentiel, la famille, ceux que j'aime, ceux qui m'aiment.

Jour 44

Tortue : le retour. Celle-là ne me semble pas de l'espèce kamikaze qui m'avait précédemment visité, elle est plutôt assoupie, style je-me-dore-la-carapace-au-soleil. Je suis même limite inquiet, elle est entourée de petits poissons et ne bouge pas. Est-ce ainsi qu'une tortue dort ? Je l'interpelle. Elle fait d'abord sa snob. Les tortues ont-elles des oreilles ? J'insiste. Et là, elle me fait un petit signe de tête et nage vers moi. Alors plouf ! À l'eau. Je veux interagir avec toi, ça tombe bien, toi aussi tu as envie de jouer. C'est juste irréel. Deux espèces de vivants qui communient. C'est un bonheur indescriptible. C'est le sens premier de cette traversée. Savoir attendre, accepter de s'ennuyer, pour soudain vivre une expérience fugace mais exceptionnelle, qui jamais ne te quittera. C'est énorme. Un peu plus tôt, j'ai tenté d'entrer en communication avec un sublime paille-en-queue solitaire. Qu'est-ce qu'il manigançait là, à trois mille bornes des Saintes ? Il s'est peut-être trompé à un carrefour et le voilà dans une voie aérienne sans issue. Il a cerclé au-dessus du bateau, assez haut, je lui fais des signes, je l'ai invité à partager mon eau (même si elle est infecte) et plus si affinités. Il a passé son chemin. Vers quel destin se dirigeait-il ? À un autre moment, j'ai aussi vu une trace noire se dessiner dans l'eau, comme un trait éphémère, mais bien réel. Un barracuda, peut-être. Pas causante, la bête. En chasse, peut-être. On partage le même globe.

Jour 45

Je n'ai emporté aucun film. Alors je me les fais dans ma tête. Ça développe l'imagination. Il paraît qu'il y avait un virus sur terre quand je suis parti il y a un mois et demi. J'ai demandé à Alice, Newt et Maurice, ceux avec qui je communique, d'éviter de trop délayer sur le sujet. C'est un luxe. Mais parfois, je ne peux pas m'empêcher d'y penser. Puisque je ne sais rien, j'imagine. Je me projette toutes directions. Ou bien ce sera fini, chouette ; ou bien la pandémie se sera étendue, la moitié de la population sera morte, je serai rejeté en mer, dans un voyage sans date de fin. Qu'on sache ou qu'on ne sache pas ce qui se passe, c'est angoissant. Au moins, en mer, on n'est pas malade. Pas de bactéries.

Jour 46

« Pourquoi tu parles à Alice de faire envoyer ton rameur par container aux États-Unis, est-ce que j'ai loupé un épisode ? » Newt, qui s'occupe de mes mails lorsque je suis en mer, est tombée sur un échange dont je ne lui avais pas parlé et voilà l'effet boomerang qui menace de me revenir en pleine face. Je ne l'ai pas volé. Je suis clair avec moi-même : je suis assez égoïste. Je pars, je laisse les autres à terre, je m'amuse, je vis des trucs et eux s'inquiètent. Je voulais attendre d'arriver pour lui parler de ce projet, plus qu'avancé, de retour à la rame. Faut que j'assume... On en avait parlé un peu avant, à la rigolade... Je l'appelle. Je n'ai pas tout à fait noyé le poisson, j'ai lui ai dit que c'était une éventualité, que c'était compliqué du point de vue logistique qu'il n'y avait encore rien de certain, que je ne voulais pas la savoir triste avant de se retrouver. Elle est tout sauf bête. Elle est même super intelligente. Elle a tout compris. Elle me répond : « Je sais qui tu es, je sais avec qui je me suis mise, je sais à quel point c'est important pour toi, je n'ai aucune raison de t'en empêcher, tu fais toutes les aventures que tu veux, je veux juste que tu fasses attention à toi et que tu me donnes des nouvelles régulièrement. » J'ai beaucoup de chance.

Jour 48

« Tu veux mon zizi, oui, oui, oui, oui / Je vais te le donner / Oui, oui, oui, oui / Viens ce soir dans mon igloo /Je te ferai plein de bisous / Viens ce soir dans mon grand loft / Je ne serai pas soft… » Je ne supporte plus ! Je n'ai plus que deux chansons sur mon téléphone. Au bout d'un certain temps, Spotify te demande de réinitialiser ton compte. Là où je suis, c'est impossible. Au début, Francky Vincent était le seul ami qui me restait. Et puis à force, trop, c'est trop, je ris jaune. « Tu veux mon zizi, oui, oui, oui, oui. » Non, non, non, non. Je ne peux plus rien entendre. Je préfère ramer en silence.

Jour 49

Je ne sais plus comment me fringuer. Au début, c'était facile : salopette, k-way, etc., ne pas choper la crève et rester sec. Bien sûr, quand j'ai voulu me désaper et me mettre en caleçon à l'intérieur du canot, une vague soudaine s'est engouffrée par le hublot et m'a rincé de haut en bas. Pas étonnant que mon matelas et mon sac de couchage soient piqués de moisissures. Maintenant que la température culmine à trente degrés au zénith, je suis passé au mode caleçon de cycliste en extérieur. Je dois aussi faire gaffe aux coups de soleil et à ne pas trop consommer l'eau que je n'ai pas. Le soir, ça se rafraîchit vraiment, donc il faut remettre des couches.

Jour 50

Désolé, je suis contraint de faire un point escarre. Le petit matelas douillet n'a pas suffi. Le talc pour bébé non plus. L'aloe frais non plus. Peut-être que j'aurais dû faire moins le bobo et amener de la graisse à traire comme me l'avait conseillé Marie. Je passe quelques détails, mais ce n'est pas beau à voir et je douille. Je lève un peu le pied ou plutôt les fesses, il faut éviter que ça empire.

Jour 51

Je n'ai plus de chocolat à tartiner, j'ai gratté tout au fond avec la lame de mon Opinel, bien qu'il n'y ait plus rien, c'est nettoyé de haut en bas, c'est tout transparent. J'entame aussi mon dernier citron. C'est un des deux que j'avais miraculeusement retrouvés dans le bateau, tombé, plus sûrement, dans le chavirage. C'est fondamental, le citron à bord. Je n'ai pas de fontaine miraculeuse ni de pack d'eau minérale pour me ravitailler. Je dois encore et toujours actionner mon dessalinisateur à main pour produire mon eau (à peu près) potable. C'est long. Et ce n'est pas bon. Il n'y a que le citron pour faire passer le goût. J'ai encore un peu de réserve mais très vite je vais devoir me forcer à boire… Je n'en suis pas encore à choper le scorbut, à partir en charpie comme les marins d'autrefois, ceux qui croyaient encore que la Terre pouvait être plate. Je m'imagine en train de siroter un jus d'oranges pressées. Le tout, accompagné de burrata crémeuse, de sushis, de fruits frais et d'un supplément glace à la vanille. La réalité me détourne vite de la vie rêvée.

Ce manque de chocolat et de citron et ces soucis de fessier ne m'atteignent pas trop le moral. J'ai trouvé le positif ailleurs. La mer est tonique, le vent appuyé, et ça me pousse dans le bon sens, j'enquille les journées à plus de 50 milles, je pars parfois en surf. Il ne me reste plus que deux mille kilomètres à ramer. Je table sur vingt-cinq jours de mer. Ça me paraît peu. C'est bizarre, le moral. C'est le grand yoyo. Certains jours, je n'ai pas envie, je ne peux pas, je me force à tirer sur ces putains de bouts de bois, je me demande ce que je fais là ; d'autres, c'est l'extase… De toute façon, il n'y a pas de sortie de secours. J'y suis, j'y reste. Pas le choix.

Jour 52

C'est un drôle d'engin, ce canot. Aujourd'hui, il avançait tout seul à 2 nœuds. Parfois tu rames et tu recules. Parfois je souque ferme, parfois j'ai une grève de la motivation. Ça tient beaucoup au sens du vent, à la vigueur de la houle, au moral du bonhomme et à l'état de ses fesses. Puisque *Romane* semblait naturellement attirée vers Saint-Barth, j'en ai profité pour me faire deux œufs brouillés – pas frais, forcément – et, association d'idée ou pas, je me suis mis à relire mes aventures maritimes passées avec ma petite Momo.

Jour 53

Mes intestins se tortillent, c'est sûrement cette putain de flotte qui ne passe pas. Dégueu et malsaine. Dans les dernières bouteilles produites à la force de mes petits bras, je crois discerner de la moisissure. Je fais tout bouillir quand je cuisine. Mais ça gargouille toujours dans mon bidon. C'est très contrariant. J'ai aussi mal au dos et aux jambes. Je rame quatorze à quinze heures par jour. J'ai besoin de mon corps au meilleur de sa forme, c'est mon capital. Je rêve de croiser un voilier qui me ravitaillerait en eau potable. Ils sont rares. Depuis le départ des Canaries, je n'en ai aperçu qu'un. La mer n'est pas uniformément fréquentée. Des routes sans balises se dessinent naturellement d'un port à l'autre. Je suis dans un espace en marge. Je vois un peu plus de cargos. Mais ils sont bien trop massifs, bien trop dangereux pour moi. Ils sont quasi inabordables. Il faudrait qu'ils mettent une chaloupe à la mer. Ils n'ont pas ce temps à perdre. Parfois, quand tu les appelles à la VHF, ils ne répondent même pas. Je dois compter sur moi-même. Chacun sa route, chacun son petit destin.

Jour 54

Ce matin en préparant mes mueslis, j'ai frôlé la catastrophe. En versant l'eau fumante de ma bouilloire dans mon sachet de lyophilisé, j'ai tout renversé à côté. J'ai fait un bond en arrière pour éviter l'accident.

À vrai dire, c'est une appréhension légitime. D'habitude, quand la mer est agitée, j'adopte une technique de sécurité pour justement éviter l'accident bête, car une brûlure au troisième degré dans mon espace plein de moisi, ça peut vite dégénérer.

Ma technique est simple, j'allume le gaz sous la bouilloire et, plutôt que de rester dans le petit espace de vie à côté, je me glisse rapidement dans ma bannette, en retrait au fond du bateau, et à bout de bras, je garde la main sur le gaz. En cas de grosse déferlante, hop ! je coupe.

Il paraît que c'est un accident plutôt commun, à bord des monocoques de plaisance, presque aussi commun que les accidents de chute de noix de coco aux Antilles.

Jour 55

Je n'ai pas que Francky Vincent dans les morceaux de musique rescapés du reset Spotify. J'en ai une autre. Qui, peut-être, ramollit mon rythme. *Is this love / Is this love / Is this love / Is this love.* C'est drôle – énervant, à la fin –, je suis tombé sur des refrains très répétitifs. *Is this love*. À chaque fois, Bob (Marley) répète quatre fois sa phrase fétiche. Ça tourne trop en boucle. Dans les photos de famille de mon portable, pur bonheur, j'ai déniché un autre bout de musique : mes cousins béarnais, les « Gabe », chantent une ritournelle locale dans une fin de soirée. Ça change. Ça file la pêche.

Jour 56

C'est quoi, être explorateur en 2022, maintenant qu'il n'y a plus de terres inconnues, que toutes les cartes ont été dessinées, que tous les peuples ont été approchés ? C'est peut-être être témoin et rendre compte. Je m'imaginais voguer dans une nature vierge et immaculée. Ce n'est pas la réalité. Je ne fais que croiser des détritus. Aujourd'hui, j'ai ramassé des dizaines de mètres de cordage. Bidons, sacs en plastique, bouts, filets, bouteilles... c'est un triste défilé. Je n'ai jamais vu autant de déchets. Si j'avais été un bateau-poubelle, j'aurais eu de quoi le remplir dix, vingt, trente fois. Je suis dégoûté. Tu m'étonnes que les bateaux du Vendée Globe, avec leurs foils sur les côtés qui font comme des râteaux, percutent un tas d'objets ! De ce côté-là, je ne suis pas inquiet. Je ne vais pas vite et ma barcasse est surdimensionnée.

Jour 57

Et la fontaine, soudain, s'est remise à couler... Gros bonheur ! D'après ce que j'ai compris, le soleil de plus en plus fort a bien tapé sur les panneaux solaires, les batteries sont chargées à bloc et le dessalinisateur électrique est reparti. Allez hop ! sous la douche. Je me lave à l'eau de mer et je me rince à l'eau douce. Je redeviens un être propre. Une sensation oubliée. Dommage que le lit qui m'attend soit un drap sale et moisi.

Jour 58

La terre s'annonce avant de se voir. Les nouvelles messagères s'appellent les sargasses. Ces algues de surface prolifèrent. Les Antillais appellent ce phénomène « la marée brune ». Je viens de voir les premières. C'est gênant pour ramer, ça s'emmêle, ça freine. Elles profilèrent, possiblement parce que l'Amazone serait comme une bouche d'égout qui se débarrasserait des nitrates et du phosphate qui dopent l'agriculture intensive. Encore un dommage collatéral dû à notre façon de consommer. Je m'interroge. Plus égoïstement, elles annoncent la terre, elles indiquent que je suis sur la bonne route, sur le bon courant. Ça décuple mes forces. Je vais bientôt pouvoir crier « terre ! »

Jour 59

J'ai mal à la tête. J'ai l'impression de l'avoir aussi grosse que le poisson-lune qui est venu me dire bonjour. Je passe à la pharmacie : *du Doliprane, jeune homme.* J'ai toujours mal à la tête. Je passe chez le Docteur : *c'est sûrement une insolation, jeune homme.* Mais je fais attention, je mets un chapeau, je m'asperge. Entre midi et 15 heures, ce n'est peut-être pas raisonnable de ramer, tellement ça tape sur le crâne. Il est où, mon parasol ?

Jour 60

Je devrais être arrivé, si je me réfère à mon plan initial. En fait, il me reste 700 milles. Ma connexion satellite joue l'intermittence. Si la position sur le tracker n'est pas mise à jour, mes proches vont s'inquiéter. Au moins, lors de mon hivernage au Groenland, ils savaient que je ne pouvais pas entrer en relation avec eux. Ils n'attendaient rien. Ils étaient plongés dans l'incertitude. Là, ils peuvent vite passer à l'inquiétude. C'est moins tranquille pour moi.

Jour 63

C'est bien fait, la vie. J'étais en totale galère directionnelle : le vent de nord-est me poussait vers le sud, la houle s'y mettait aussi en se levant, et dès que je dormais, le canot virait vers la Martinique, qui n'est pas vraiment à la latitude de Saint-Barth. Donc j'étais en pleine bataille, trempé et secoué, quand soudain le bonheur est apparu sous la forme d'une baleine – un petit rorqual, pour être plus exact. C'est probablement celle qui est venue me dire bonjour trois fois hier. Aujourd'hui, elle a décidé de s'attarder, de jouer, des heures durant, de surfer sur les vagues et même de passer sous le canot. C'est le plus beau jour de mon aventure. C'est le sentiment d'être accepté dans un autre monde, sans avoir mis le pied dans la porte pour entrer, et l'ayant mérité, en s'étant fait passager du peuple de l'eau, en ayant attendu d'être accepté. Je ne crois pas qu'un animal soit à un endroit précis par hasard. Je veux le croire.

Jour 66

Pas facile de viser juste. Ce n'est pas une traversée style conquistador dans laquelle peu importe la terre où le navire accoste. La route naturelle m'amène à la Martinique. Je ne peux pas aller simplement au gré des vents et des courants. Je vise plus nord avec Saint-Barth. Ça oblige sans cesse à se battre avec les éléments, à positionner le safran de travers. Parfois, c'est vain. C'est aussi se mettre en travers des vagues et risquer le chavirage. Fragile équilibre des forces. Je ne pilote pas un hors-bord. Le safran ne suffit pas toujours pour aller dans la bonne direction. Je subis beaucoup. Je navigue bien, plus je m'approche plus je suis dans le mille. La terre, déjà, me voit arriver de loin. La Marine veut me déléguer un bateau, c'est la classe, mais c'est gênant. Est-ce que je mérite bien ça ? Je n'ai fait que traverser un bout de mer, comme tant d'autres. Petit problème organisationnel : ils ne peuvent pas se présenter sur zone avant jeudi soir ou vendredi, ce qui ne cadre pas avec mes prévisions d'atterrissage. J'ai hâte d'en finir. Je comprends aussi ce que le retour dans une communauté va signifier. Je suis à l'étroit, je souffre de ne pouvoir marcher, courir, aller où je veux, mais paradoxalement, même s'ils sont réduits, je suis libre de mes faits et gestes. On commence à me dicter des choses. Je vois la suite : mets ton masque, lave-toi les mains, et reste chez toi après 18 heures. Calme-toi : tu as eu droit à un déconfinement de deux mois !

9.

SAINT BARTH, MON AUTRE ÎLE

« Aujourd'hui nous recherchons
ce que nous fuirons demain,
aujourd'hui nous désirons
ce qui demain nous fera peur. »

Daniel DEFOE,
Robinson Crusoé

C'est un peu comme ma deuxième île.

J'avais envie de revenir à Saint-Barth. J'y suis déjà passé deux fois, à l'aller et au retour de mon tour du monde via les pôles. J'adore. J'y ai tissé tant de liens. Amicaux. Et plus qu'amicaux.

La première fois, je n'avais écouté que les bruits de pontons, de l'autre côté, aux Canaries, alors que je m'apprêtais à me jeter dans une aventure qui n'était encore pré-écrite qu'en pointillé. On me disait que c'était sublime et surtout que j'y trouverais aisément du boulot. C'était suffisant pour m'offrir un but. Je n'en savais pas plus. Ni le genre de boulot, ni combien ça rapportait, ni si la durée était limitée. J'adore me jeter dans ce style d'inconnu. Il y a toutes sortes d'îles aux Caraïbes. Des pauvres, des riches. Des accueillantes, des repoussantes. Des francophones, des anglophones. Des dangereuses, des tranquilles. Moi, je débarque toujours sans a priori, l'œil neuf, le cerveau disponible, la main tendue. Je sortais de vingt-huit jours de transat, j'avais adoré cette expérience en solitaire (avec Monique, certes). Je savais que j'allais continuer, vers le Grand Nord, sûrement, j'avais juste besoin de refiter le bateau, de me refaire une caisse de bord, de ressociabiliser aussi. Le premier accueil avait été mitigé.

J'étais guilleret, sympa, avenant. « Bonjour, je m'appelle Guirec, je viens de traverser l'Atlantique… »

J'ai posé l'ancre à Shell Beach. D'entrée, un gars de la capitainerie veut me faire payer. Moi qui n'ai que soixante centimes en poche… Payer pour flotter ? Je n'ai jamais vu ça ailleurs. Il me répond que je n'ai qu'à aller à Saint-Martin. Je lui réplique que je peux payer en œufs, ce qui ne le fait pas rigoler, ha ! ha ! J'arrivais à la « one again bistoufly ».

L'entame avait été abrupte, la suite avait été plus douce.

J'ai fait tous les boulots ou presque. Comme en Australie. Livreur de fleurs ou serveur. Jardinier aussi. L'argent rentre vite. La vie est terriblement chère à Saint-Barth. Les salaires sont en conséquence. Je n'avais pas de loyer puisque je dormais sur *Yvinec*. Je m'en sortais bien. Très vite notre histoire avait fait le tour de l'île. Monique était devenue carrément célèbre. Des gens voulaient l'approcher.

Elle aide à faire des rencontres. Et comme j'aime aller vers les autres…

Un jour, j'avais vu déambuler sur Shell Beach une fille super sympa. Alice. Elle était second capitaine sur le *Scoobitoo*, un catamaran de 24 m qui descend deux fois par semaine de Saint-Martin pour faire découvrir aux touristes les eaux sublimes de Saint-Barth et le joli port de Gustavia. Avec Alice, nos énergies avaient tout de suite matché. Je lui ai parlé de ma poule. Elle pensait que j'évoquais une copine. Sympa, le quiproquo. Elle était de Paimpol, on avait plein d'amis en commun. Parfois, je prenais le paddle – et Monique – et j'allais jusqu'à son catamaran. Elle me refilait ce que les touristes n'avaient pas consommé. Des barquettes de taboulé, des salades, des fruits. On s'est si bien entendus qu'aujourd'hui Alice travaille avec moi, gère ma communication, la logistique et bien plus. C'est une amie, c'est une conseillère. Elle m'est indispensable.

Un autre jour, j'avais fait connaissance avec un homme très sympa. Quand je lui ai parlé de mon projet de Grand Nord et d'hivernage en autarcie, il a adoré mon histoire. Il était prêt à me payer un nouveau bateau. C'était un peu trop. Je l'avais laissé m'offrir plusieurs équipements dont un moteur et des voiles, avant de filer plus au sud, à Trinidad, où la vie est plus abordable, afin de faire un vrai chantier d'un mois et demi sur *Yvinec* pour le consolider et le préparer au grand voyage.

Un autre jour, un copain DJ m'avait fait une play-list pour agrémenter mes voyages futurs.

C'est aussi ça, Saint-Barth. Vingt-cinq kilomètres carrés. Des gens fortunés, bien sûr, mais pas seulement. Plein de gens qui se croisent avec leurs histoires.

Un autre jour encore, peut-être le plus important, j'ai vu apparaître Newt.

C'était de l'autre côté de l'île, à Saint-Jean, là où il y a le fameux aéroport, celui qui fait partie du top 10 des atterrissages les plus périlleux du monde. La piste est tellement petite et en pente abrupte qu'il est souvent arrivé que de petits coucous se loupent et finissent le nez dans le sable, sur la plage en contrebas. Les gros-porteurs ne s'y aventurent pas, bien sûr.

J'avais déménagé dans ce coin avec mon bateau pour un boulot, qui enfin correspondait à mes qualités premières. Au *Do Brazil,* je m'étais fait pote avec Jean-Mi, qui tenait le *Caribe Water Play*. Il avait besoin d'un moniteur de planche. En plein dans mes compétences.

Newt est belge. Elle était venue me dire bonjour avec des copains… Le 31, on a fait le réveillon avec une quinzaine d'amis, sur deux bateaux à couple, et au moment du feu d'artifice, face à l'*Eden Rock*, l'hôtel emblématique de l'île, on s'est embrassés… Je sais, ça fait film américain à l'eau de rose, c'est la vérité. Sauf que chacun avait sa vie. Elle, ses études d'archi au Canada, où beaucoup de jeunes de Saint-Barth vont étudier. Moi, la suite de mon grand voyage en bateau. On savait qu'on se retrouverait. C'était comme une évidence. Il a fallu un peu de temps. Jusqu'à ce que je passe à Bruxelles, en janvier 2020, pour présenter mon film. Nous avions gardé le contact, elle poursuivait ses études à Lyon. Elle a pris un billet de train. Et on ne s'est plus quittés. Donc Saint-Barth, pour moi, ça veut dire beaucoup.

J'étais resté un an dans les parages. Saint-Barth, c'est une belle insouciance. Les eaux turquoise. Les pieds nus. Les fêtes. Les tortues marines. Le paddle dans le lagon. Le mahi-mahi dans les assiettes. L'anse des Flamands et les hauteurs de Colombier. Les barracudas et les langoustes. La caresse du vent et le fracas des vagues. Les frangipaniers et les cactus « tête à l'anglais ». Et pas un panneau de pub au bord de la route. Un ailleurs. En plus, ce sont surtout des Bretons qui ont colonisé l'île.

J'y étais repassé une deuxième fois, en remontant du cap Horn, après avoir fait escale en Afrique du Sud et au Brésil, juste le temps de faire une petite fête sur la plage de Saint-Jean, où je profitais de l'instant présent avec des copains, mais aussi je mesurais le chemin parcouru. Très vite, j'étais reparti. J'étais pressé de revoir ma Bretagne. J'allais croiser, de loin, la Route du Rhum. À contresens, donc, sans savoir que, quatre ans plus tard, j'en serais sûrement…

C'est là, et pas ailleurs, que je voulais arriver.

C'est un autre chez moi.

Jour 68

Depuis trois jours, je suis dans l'attraction « Indiana Jones » à Disney Land. Je fonce (3 nœuds, c'est à fond pour *Romane*), je surfe, je dois me battre avec des déferlantes. Le jour, c'est sympa, c'est match, c'est adrénaline, c'est devancer les flots, se pencher pour faire contre-gîte. La nuit, j'entends rugir un monstre aquatique qui se lève, je pense à LA vague, celle qui serait plus vicieuse que ses copines, et j'attends, pitoyablement calé dans mon shaker. Il y a de l'action, c'est ce que j'aime, mais, cloîtré à l'intérieur pendant des heures, à manquer d'air, c'est moins fun.

Jour 70

J'avoue : je suis déjà nostalgique. L'homme est contradictoire et même si je suis facile, je n'échappe pas à ce ballottement. Il naît, il meurt et, entre les deux, il fait comme il peut, manie son insatisfaction, cherche des bouts de bonheur. Je sais ce que j'abandonne, je sais ce que je retrouve. C'est comme deux horloges différentes qu'il faut resynchroniser. C'est une drôle d'oscillation. Bon, je crois qu'on m'attend. Tais-toi et rame.

Jour 73

C'est comme si tout s'accélérait, comme si tout allait trop vite. Le vent et la houle m'entraînent vers la terre promise. Trop vite. Je dois sortir l'ancre flottante pour me freiner, pour accoster de jour, ce qui sera quand même plus sympa. Alice et Newt, je le sais, ont organisé un comité d'accueil, même si l'île est fermée à cause de la pandémie, je sais que quelques amis seront là. Je ne voudrais pas gâcher la fête en arrivant en pleine nuit. Et puis, je dois l'avouer, j'ai peut-être besoin de ralentir dans le sas du retour à terre, le temps de refermer mes ouïes et de lisser mes écailles.

Bientôt un lit, bientôt une douche. Ça, c'est juste matériel mais j'en rêve. Je me souviens encore de la douche à Saqqaq, après cent trente jours d'hivernage, un luxe des plus grisants.

Comment vais-je accepter le bruit ? Est-ce que je vais savoir marcher ? Quand vais-je retrouver les bras de Newt ? Beaucoup de questions m'assaillent. Un oiseau, enfin, est venu se poser sur le rameur. C'est le premier. Aucun volatile n'a voulu partager ne serait-ce qu'un bout du voyage. C'est un bel oiseau, dans les gris noir, je ne connais pas sa marque, mais il est sympa, pas craintif. Est-ce qu'il connaît l'homme ? est-ce qu'il niche sur une île déserte ? Est-ce qu'il est venu me dire que je rechangeais de monde ? Je lui ai parlé. Il m'a regardé. On s'est compris. C'était entre nous. Il est parti. Au revoir, l'oiseau.

Jour 74

Aux premières lueurs de l'aube, la Violette pointe le bout de son étrave. Des humains, enfin ! Il y a un bon deux mètres cinquante de houle, le commandant Wagner me contacte par radio VHF, Il est trop risqué de m'approcher avec son navire militaire de 32 mètres, son équipage est en route en semi-rigide. Je revois enfin des sourires , nous échangeons quelques minutes, je suis tellement touché de cette attention.

Je me vois offrir un kit de bienvenue en bonne et due forme. Dans le sac étanche que l'officier me tend, il y a du café, croissant, pain au chocolat, baguette, une belle casquette « La Violette » et un rhum vieux cuvée spéciale, que je garderai précieusement.

C'est enfin fini, c'est déjà fini. J'ai envie de rester seul, j'ai envie de partager. C'est beau et brutal. C'est un mélange d'émotions, un cocktail qu'un barman ne cesserait de secouer. Ce sont des photos qui défilent en accéléré. D'abord, c'est Newt, qui n'y tient plus, qui, tiraillée entre le désir d'intimité et la pudeur vis-à-vis de la foule, craque, et plonge pour me rejoindre. Ce sont les cornes de brume, les fusées. C'est le joyeux bordel des kites, des paddles, des planches à voiles, des bateaux. C'est Johann, mon grand pote, hilare, excité. C'est la musique. « Du Rhum, des femmes, de la bière, nom de Dieu ! » Ce sont des inconnus sur des balcons. « Guirec, Guirec, Guirec ! » Ce sont de belles intentions : du ti-punch, moi qui ne bois toujours pas. C'est une petite fille qui m'offre un collier de fleurs et des fruits frais. Ce sont mes premiers pas : j'ai du mal à tenir debout. Bienvenue sur terre.

Jour d'après

Souvent je me suis demandé ce que je faisais là. La réponse n'est peut-être pas au fond du cerveau. Elle est dans le ressenti émotionnel, celui avec lequel on ne triche pas. J'ai laissé quelque chose derrière moi, que je ne peux pas raconter aux autres, pas plus qu'à moi. Je ne suis plus le même. Je ne sais pas bien en quoi, c'est sûrement plus tard que je comprendrai. Je sais juste que je suis content, heureux, ravi, fier, d'avoir terminé ce petit segment de vie, que forcément, derrière, quelque chose de différent s'annonce, que je ne vis pas seulement de souvenirs et donc que je vais encore explorer le monde, et aussi moi-même. C'était dur et merveilleux, sûrement faut-il l'un pour avoir l'autre.

Deuxième partie
LE RETOUR

Calme plat, autrement dit « pétole ».

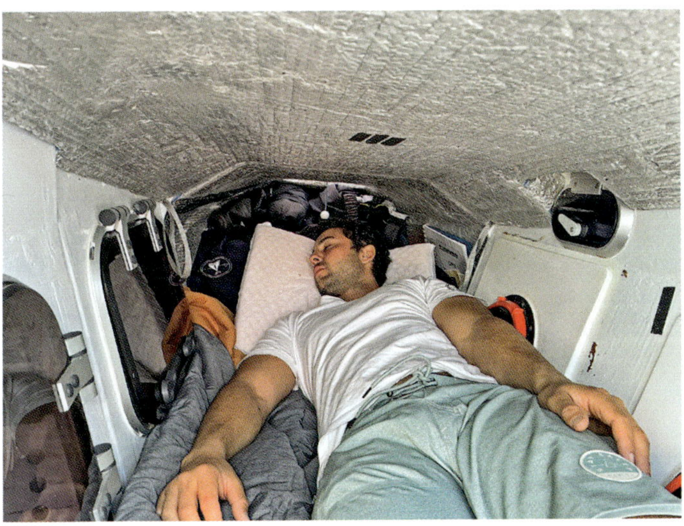

Ma banette cercueil.

Ma bulle d'observation à 360°.

Partie de récurage de coque.

La tortue kamikaze à l'attaque.

La pollution en mer, beaucoup de bouts et filets de pêche.

La pêche du jour, un poisson volant qui a raté son atterrissage.

Quand la mer est de travers, le risque de chavirage est fréquent.

Mes compagnons de route.

La terre se rapproche, un invité à bord.

Arrivée en fanfare à Saint-Barthélémy.

Accueil sur les quais de Gustavia.

Chez Woody au First light boat works à Chatham – USA.

La panoplie du parfait rameur.

Je coupe le cordon ! À nous deux Atlantique nord !

Moment magique avec une baleine au large de Chatham.

Le fameux petit hublot pour respirer.

Après le chavirage, je continue de vider l'habitacle plein d'eau.

Une semaine après le chavirage : je sèche encore mon matelas et les affaires qu'il me reste.

Ma VHF portable et mon poste de vigie.

Lampe frontale artisanale avec un flash de GoPro.

Le dessalinisateur manuel, l'autre sport quotidien.

L'heure du repas dans ma grande salle à manger.

La mer est formée, plusieurs mètres de creux.

Les cargos, à la fois dangers et précieux messagers.

Mise à l'eau de ma grande ancre flottante.

Les fameux globicéphales géants, créatures des abysses.

Je rame vers l'est, j'admire donc les couchers de soleil à l'ouest.

Le bon chocolat goût moisi, ça vous tente ?

Paulette, ma petite dorade coryphène.

Premier bateau de pêche breton : ça sent bon la maison !

J 107 : Ouessant en vue !

Arrivée à Brest, accueil spectaculaire.

Derniers coups de rame dans l'avant-port.

La foule m'attend sur la digue de la marina du château.

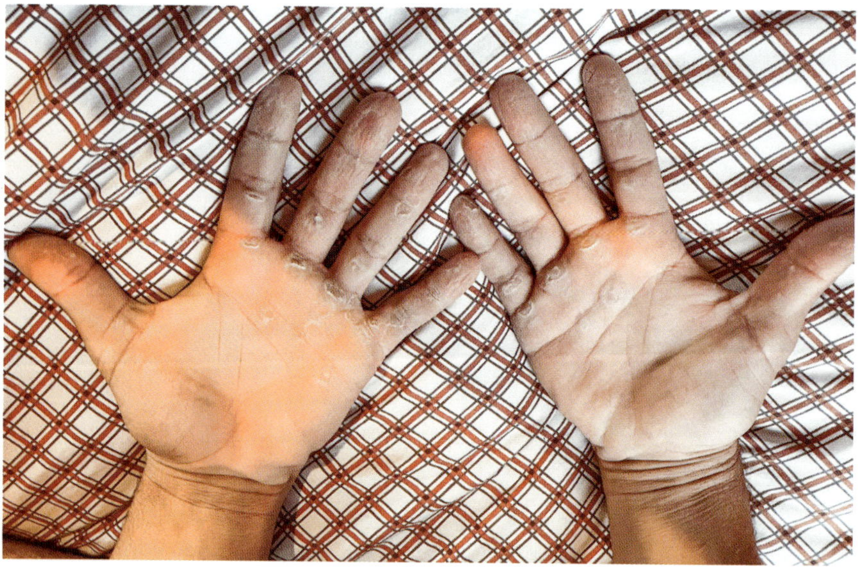

Mes mains après l'effort.

1.
ENTRE DEUX OCÉANS

Entre deux mers

Good Newt, good news. Ma fiancée de l'Atlantique est d'accord pour que je rentre à la maison un peu plus tard et tout mouillé. C'est-à-dire : rentrer par le tant redouté Atlantique nord ! Ça craint un peu au niveau des dates, il faut se magner avant que la fenêtre météo se referme. Je n'ai pas envie de me coltiner des queues de cyclone. Ça craint beaucoup au niveau de la logistique. Gouverner, c'est prévoir. On gouverne peu sur ce coup-là. C'est tout moi : je vérifie s'il y a assez d'eau pour l'atterrissage, une fois que je suis en l'air ! Bref, il y a urgence, alors qu'on pourrait regarder pousser les palmiers à Saint-Barth.

De Gustavia (Antilles françaises) à Chatham (Massachusetts), ce n'est pas une longue ligne droite tranquille. C'est déjà une aventure. Surtout en période covidée.

Alice, mon couteau suisse à la bretonne, avait défriché le terrain pour le transport du canot. Je ne l'avais pas lâchée avec ça pendant la traversée aller.

L'opération a commencé par une sorte de voyage de noces. Newt-et-Guirec-sont-sur-un-canot-rien-que-tous-les-deux-et-convoient-de-Saint-Barth-à-Saint-Martin. C'était notre petit moment. On n'avait pas été jusqu'à fleurir la barque avec des orchidées, balisiers et hibiscus façon grand cérémonial, c'était romantique sans les artifices. Quelques heures hors du temps, accompagnés de dauphins qu'on n'avait même pas commandés au *wedding-planner*, une façon de joindre le très agréable au nécessaire puisqu'on devait confier *Romane* à la boîte qui l'enverrait par cargo aux États-Unis.

On était en mars, la transat retour était envisagée fin mai, ça nous laissait peu de temps pour rentrer en France. Réapprendre à marcher dignement et réenchaîner.

J'avais perdu neuf kilos. Je devais me remplumer. Courir et pédaler aussi pour renforcer mon cardio et mes muscles. Commander l'avitaillement. Continuer de gérer l'île. Visiter des bateaux et choisir le bon pour le Vendée Globe. Etc., etc., etc. En mer, on a moins d'impératifs.

Les deux mois filèrent à la vitesse d'une chaîne d'ancre qui cherche le fond. J'avais rechargé les accus du cerveau et repris douze kilos. Un bon crédit moral et pondéral.

Les mesures pour contrer le Covid compliquaient nos plans. Les États-Unis, c'étaient quatorze jours de confinement obligatoire dans un hôtel à payer de ma poche peu profonde. On a trouvé plus malin. Deux semaines aux Caraïbes ouvraient en grand les portes des States. L'aubaine ! Je repasserai donc par Saint-Barth et Saint Martin.

La suite ? c'est le guide du froussard, à prendre peur à chaque passage de douane, chaque formalité, chaque contretemps. Par où commencer ?

À l'escale à Charlotte, en Caroline du Nord, surbooking ou gros malentendu, Alice monte, croyant que je la suis, mais je reste bloqué à la porte d'embarquement. Je m'entends dire que je suis en retard. Le comble, pour une fois que j'attendais avec discipline l'appel de mon rang. Alice, déjà dans l'avion et sentant qu'il entamait sa marche arrière, est vite grimpée dans les tours. Elle s'est faite passer pour ma femme hystérique… Et incroyable, l'avion s'est vite reconnecté au *gangway* pour la mettre dehors. Résultat des courses : les bagages se sont envolés pour Boston et Alice a dû user d'autres subtilités névrosées pour nous dégoter les deux derniers sièges du vol suivant.

À Boston, motel miteux. Le canot nous attend. Mais sans remorque, ce qui n'est guère pratique pour rejoindre Cape Cod, et le port de Chatham, un peu plus à l'est. Le canot était soit trop gros pour les remorques style dériveurs, soit trop petit pour que ça justifie de se payer un poids lourd.

La vie, c'est résoudre des problèmes et savoir sur qui on peut compter, savoir réveiller ses potes et activer ses réseaux. J'avais été accueilli, privilège, en mars 2020, au prestigieux Yacht Club de New

York pour recevoir le *Young Voyager Award* des mains de Bill Cook du Cruising Club of America.

Le New York Yacht Club est un club très sélect dans un immeuble d'époque à deux blocs de Times Square, l'insomniaque. Un monument historique improbable dont la grande salle semble tout droit sortie d'un film du XIXe siècle, ornée de moulures en bois impressionnantes et de centaines, voire milliers, de maquettes et demi-coques de voiliers majestueux. Il est impossible de mettre un pied dans le hall sans y avoir été invité par les commodores du club.

Moi, petit Breton aux pieds nus, j'étais le VIP de la suite du septième étage. Je me rappelle, au matin, avoir commis l'erreur impardonnable d'être descendu au petit déjeuner en jean (mon plus beau jean bleu marine), j'avais gentiment été refoulé.

Un beau souvenir et une belle rencontre avec Bill Cook, qui avait été archi naval, un voyageur aussi, qui comme moi a navigué au Groenland, un monsieur super sympa, qui habite Cape Cod. Il ne m'a pas laissé tomber quand je lui ai parlé de mon projet rame au départ de Cape Cod. Grâce à lui, Alice avait pris contact avec Tucker, du chantier Burr Bros. Tucker avait généreusement dépoté le container et stocké *Romane* dans son chantier à Marion, Massachusetts, en attendant que nous venions le récupérer.

Là-bas, Bill nous a offert de dormir à bord de *Nuuk* son Grand Banks 47, un mini-yacht des plus confortables, apponté devant le chantier. Après quelques bricoles, l'installation d'un nouveau panneau solaire et le changement de mes deux batteries, il fallait trouver une solution pour acheminer *Romane* jusqu'à Chatham.

Chatham, c'est la pointe est de Cape Cod, c'est de là que Gérard d'Aboville s'est élancé il y a quarante et un ans.

Let's go ! nous partons en repérage.

À Chatham, nous nous sommes présentés au *Harbour Master*, un dénommé Stuart Smith. En le questionnant sur la logistique de remorquage et de mise à l'eau, tout en lui évoquant l'histoire de Gérard d'Aboville, Stuart nous lance : « *I know who you should talk to : Woody at First Light ! Follow me, I'll drive you there !* » Il monte dans son pick-up et nous ouvre le chemin. Cinq minutes plus tard, nous arrivons sur le parking. Les bâtiments en bois rouge et bleu aux contours blancs, style *american barns* des vieux westerns, se dressent autour de magnifiques bateaux en bois vernis. L'odeur de bois et d'authenticité règne dans ce petit havre au bord de l'eau. Un homme au grand chapeau de paille fait son apparition. C'est le fameux Woody. Et n'allez pas croire que c'est son surnom, il s'appelle vraiment Woody et il construit des bijoux flottants en bois !

Il n'y a pas de hasard dans la vie. Woody est avenant, vif et drôle. Le courant passe tout de suite. Après quelques minutes d'échanges, je comprends que le *First Light Boatworks* n'est autre que le *Mill Pond Boatyard*, LE chantier qui avait accueilli

Gérard et son rameur il y a quarante et un ans ! Mieux que ça, un autre homme se présente, il travaille ici, il s'appelle Chris. Il se souvient. Il avait dix ans, à l'époque de Gérard, il n'en paraît que quarante pourtant. Son père travaillait ici et il avait même été du convoi de remorquage du *Capitaine Cook* vers le large.

Le feeling a fini les présentations et, deux jours après, Woody est venu jusqu'à Marion récupérer *Romane*, avec sa remorque hydraulique dernier cri. Il nous a même offert le gîte dans une petite cabane rustique du chantier, au bord de l'eau. Celle-là même dans laquelle Gérard aurait séjourné.

Les bâtiments appartiennent toujours à la famille de l'architecte de l'époque ; le fils, Bart Spaulding, est justement présent dans la maison attenante au chantier. Il me raconte Gérard et m'offre même un magnifique livre sur l'histoire des chantiers Spaulding.

J'ai senti ce respect qu'ont les gens de mer pour ceux qui partent. C'étaient des petits mots, des regards, des gestes aussi, imperceptibles ou concrets, comme m'offrir l'antifouling, la peinture, ou tenir absolument à me remorquer au large quand le jour du grand départ serait arrivé.

Une petite tranche de vie au rythme *First Light Boatworks* avec Woody et ses gars : Jim, Dave, Chris, Krit, Patrick, Tom… et les chiens de chacun !

Ce furent dix jours chaleureux. Avec un semblant de stress, quand même, à propos de la fenêtre météo qui ne se présentait pas et de l'étanchéité du capot de mon habitacle. J'avais absolument besoin de quatre poignées neuves. Elles n'ont été livrées que trois jours avant le départ.

Anecdote rigolote, Woody m'appelle the *Rowman* (« l'homme qui rame ») et pense que c'est pour cela que le bateau s'appelle *Romane*. En nommant mon bateau ainsi, en hommage à ma petite cousine bien trop tôt disparue, cela ne m'avait même pas effleuré l'esprit.

Dans le journal local, le *Cape Cod Times,* j'ai eu l'honneur d'un très long papier. Bill Cook y assène que je suis « un extraordinaire jeune homme ». Va falloir le prouver.

D'autres journalistes sont venus m'interroger, dont un petit gars, pas méchant en apparence, mais qui n'arrêtait pas de faire référence à des histoires de rameurs aux fins dramatiques. Je l'ai pris un peu mal. Je lui ai répondu que j'acceptais le risque, que l'aventure, la vraie, était à ce prix-là. Mais franchement, d'autres signes pas très sympas semblaient être de mauvais augure. Un gars parti il y a deux semaines, avec qui j'étais en contact, venait de renoncer, et m'a balancé : « Stop, j'ai assez joué avec ma vie. » Alice, qui pense à tout, m'a même demandé si je souhaitais écrire un testament avant de partir. Sympa.

Dans toutes mes aventures, je suis parti serein, décontracté, excité. L'Atlantique sud, c'était le soleil, les alizés ; l'Atlantique nord, ce n'est pas le même climat, ce sont les dépressions, les courants tourbillonnaires, le danger des cargos, le risque de rater le Gulf Stream… Physiquement et mentalement, mon état d'esprit était donc très différent. Je ressentais comme un poids. J'étais grave, moins rigolard. Je le voulais, je partais pour vivre des choses fortes, j'étais certain de pouvoir compter sur mon côté débrouillard, sur ma bonne étoile, sur la photo de mon père qui veille sur moi, n'empêche que je ne faisais pas le fier, que ce n'était pas le Guigui des grands jours.

Je matais sans cesse la météo, attendant la fenêtre. Il me fallait trois jours de vent *offshore*, « au-delà du rivage », pour me permettre de m'éloigner et de ne pas être drossé sur les brisants de la côte avant de choper les dédales du Gulf Stream, une petite semaine plus tard, qui m'aideraient à progresser vers ma chère Bretagne. En américain on dit : *waiting for the good*, « attendre pour le bon », attendre le bon créneau. Quand on n'a pas le bon, on prend le pas trop mal. C'est mon naturel optimisme.

L'orage était annoncé pour la fin de matinée, après quoi, nous tenions notre « lucarne » météo pour le grand lancement.

Jour 1 (14 juin 2021)

Je marche sur le ponton, je me dirige vers *Romane*. Je me filme, face caméra, j'immortalise mon enthousiasme du départ tant attendu. J'ai le sourire, je raconte que je suis heureux de partir enfin, que je fais mes derniers pas sur la terre ferme. Mais ma langue fourche sur un sanglot qui me remonte du bide. L'émotion. Pourtant, je ne l'ai pas sonnée. Je déglutis, j'arrête de parler. Il y a un truc qui ne va pas. Ce n'est pas le Guigui surexcité des départs. Aux Canaries, j'avais sauté dans mon rameur comme un cabri. Je n'avais pas cette boule au ventre.

Je ne me reconnais pas. Qu'est-ce qui ne va pas ? Je n'ai aucune intention de faire marche arrière. Ce retour, j'y tiens dur comme fer, je n'ai pas eu ma dose, je pars faire le plein de ce dont j'ai besoin : l'inconnu, l'adrénaline, l'immensité, les rencontres animales, me sentir moi, Guirec, vivant au cœur des éléments, poisson chez les poissons !

Je suis conscient que je me jette d'une falaise et qu'en bas il y a de l'eau, mais aussi des rochers, je ne connais pas l'atterrissage. Il va y avoir de l'action, je le sais, ça peut mal finir, c'est intégré.

Les gens sont là, tout *First Light* s'est arrêté de travailler. On m'encourage pudiquement. L'orage est passé, l'ambiance est lourde. Le journaliste croque-mort rôde, il ne se dégage pas de bonnes ondes de son Canon. J'aurais préféré qu'il ne soit pas là. Je le sais, il espère que ses photos serviront à annoncer en Une ma disparition. C'est ça qui l'intéresse, l'oiseau de mauvais augure assoiffé de sensations morbides.

Heureusement, Alice, Bill, Woody et Chris sont là, ils s'affairent plein de bonnes *vibes*. Ils embarquent sur le bateau-pilote. Ça y est, *ready to take off*, c'est l'heure de me remorquer jusqu'au large.

Il faut sortir de l'étang du Mill Pond, contourner Chatham, passer le phare, longer la côte sauvage. La procession est lente, solennelle, sur la côte, des gens s'arrêtent et me font des signes en me voyant m'éloigner sur mon engin bizarre.

Bientôt, on arrive dans les brisants de la passe de Monomoy, il fait grand beau, il n'y a pas un souffle d'air. J'entends le moteur de mon guide, le bruit des vagues et les cliquetis de l'appareil photo du journaliste, qui suit à bord de la vedette du chef de port, motivé.

On commence à s'éloigner de la barre de vagues. L'émotion de mes quatre amis est bien palpable, même cachée sous leurs lunettes de soleil. Ils ne me quittent pas du regard, comme pour m'interroger, attendre le feu vert du moment propice à la déconnexion. Je ne suis pas prêt, encore un peu plus loin… Allez, juste un peu plus loin… OK.

Woody ralentit, le bout de la remorque se détend, *Romane*, sur son inertie, finit par se calmer.

Alice use de quelques brins d'humour pour dédramatiser la scène. Woody, Bill et Chris m'encouragent de dernières banalités, ils sont tout aussi tendus qu'Alice.

Je largue le cordon dans un geste franc et déterminé, c'est un moment que j'aime par-dessus tout, on me rend ma liberté, le symbole est fort.

Je m'installe méthodiquement à mon poste de rame, je saisis mes avirons, je commence à lancer doucement la machine. Ça faisait longtemps que j'attendais ce moment. *Romane* est lourde, je la sens un peu sur le nez ; Woody et Alice le confirment, très légèrement. Ce n'est pas grave, je referai de l'ordre dans mon chargement plus tard.

Le brouillard s'invite à la fête, comble du mystique pour un grand départ qui ne met déjà pas les protagonistes très à l'aise.

La mer est calme, elle ondule avec volupté, je m'éloigne. Mes amis se rapprochent ; je le sens, c'est l'heure des adieux. Je le sais, Alice pleure déjà mais elle rigole, ses comparses n'en mènent pas large non plus. Mais l'heure est aux derniers encouragements pleins d'énergie et d'humanité, de rage de vaincre et de sentiments fraternels.

Ils ne font pas demi-tour, juste ils ralentissent pour me laisser m'éloigner à la rame. C'est moins cruel que de me lancer un « Ciao, mec ! nous, on rentre se jeter une bière au *First Light* ! » et de partir en trombe.

Le brouillard s'occupe du reste, fermeture du rideau.

Acte II, scène I : j'exulte dans un éclat de rire qui perce la brume et j'annonce la couleur – « À nous deux, Atlantique nord ! Je suis prêt ! »

Je dois m'éloigner de la terre sous peine d'y être rejeté, m'extirper du plateau continental, m'accorder avec des cartes qui ne dessinent pas les bancs de sables mouvants, qui n'impriment pas les courants retors. Je suis dans un entre-deux presque désagréable. La civilisation s'immisce encore dans les eaux, j'entends les bateaux de pêche passer tout près mais je ne les vois pas à travers la purée de pois, je croise beaucoup de bouées de casiers. Je rame et je n'arrive pas à m'en sortir, comme retenu, comme si je n'arrivais pas à échapper à ma condition de terrien lambda, comme si le cordon s'étirait mais ne cédait pas. J'ai fait quatre milles en quatre heures, c'est peanuts ; dès que je m'arrête, je pars au nord-ouest, sauf que moi, je veux faire du sud-ouest, c'est par là-bas que je peux espérer choper le Gulf Stream d'ici quatre ou cinq jours, c'est lui mon ticket pour gagner de l'est vers l'Europe. Ce n'est pas un train direct, c'est assez complexe, le Gulf Stream, c'est un courant fait de plein de courants, qui tournent et retournent en surface, comme un labyrinthe de spirales : le but, c'est de choper le premier wagon et d'essayer de sauter de wagon en wagon sans se faire prendre dans un tourbillon qui te recracherait dans le mauvais sens. Bref, j'essaie de ne pas le visualiser tout de suite car, pour l'heure, je suis scotché près des côtes. Je n'arrive à rien, je sens que, physiquement, je ne suis pas dans le bain encore. Il faut dire que ces dernières semaines, surtout à Marion, le régime américain ne m'a pas aidé à stocker de la calorie saine. Les menus des restaurants sont souvent très gras. Heureusement à Chatham, on a pu accéder à une cuisine et Alice a pu me mijoter quelques bons plats riches de bonnes choses. Et puis, j'avoue que la spécialité de Chatham, le *lobster roll*, n'était pas dégueu non plus. Tout ça pour dire que je n'ai pas fait que du bon gras et je mets forcément un petit temps d'adaptation à reprendre ma forme olympique de l'aller.

Finalement, j'ai une idée. Sur mon GPS, je vois qu'il n'y a encore que vingt mètres de fond. Je décide de jeter mon grappin, c'est une petite ancre en alu qui se déploie dans le fond. Je le balance au bout de quarante mètres de bout et dix mètres de chaîne, avec ça je devrais tenir quelques heures pour reprendre des forces.

Jour 2, jour 3, jour 4

C'est le jour sans fin, le jour que tu as l'impression de recommencer chaque matin. Je rame pour quoi ? Pour rien. Je ne progresse pas, je me débats avec les courants et les contre-courants, avec les vents, avec les houles, mais la nature ne m'offre pas la sortie. Je rame comme un crétin, jusqu'à dix-neuf heures par jour, je pars vers le nord, direction l'échouage, je tourne en rond, direction l'échec. Je n'ai même pas le temps de boire. Je ne maîtrise pas le canot. Il avance en crabe, il se met de travers, je lutte des quarts d'heure entiers pour lui intimer la bonne direction, il faut le relancer constamment. Je suis explosé physiquement et moralement. Je tape dans les rations sans respecter les prévisions, j'ai trop besoin d'emmagasiner des calories. J'en fais trop mais je n'ai pas le choix. J'ai affreusement mal aux mains. Il me faut plusieurs minutes pour que mes doigts ankylosés s'enroulent autour des avirons, pour que chaque muscle de mon corps endolori se réchauffe et se réactive. Une fois lancé, mon cerveau se détache de mon corps, je me mets en mode machine et j'enquille comme un forcené. Si je me repose, je recule. L'équation est impossible. C'est un cauchemar, mais je ne suis pas là pour regarder un film dans mon canapé, non plus, alors je ne me pose pas de question. Je comprends pourquoi tant d'autres sont partis plus à l'ouest. Le plateau continental avec ses jeux de marées et de courants me retient, comme s'il jouait à l'élastique avec ma pauvre condition. Il est là, sous moi. Je jette l'ancre flottante pour ralentir la dérive contraire quand les flots m'entraînent ailleurs que vers mon désir.

Mais je ne suis pas seul, les baleines sont là, déjà partout. Il me semble que ce sont des baleines à bosse, je sais qu'elles viennent m'encourager, elles savent, elles, dans quoi je me suis lancé, elles compatissent. Elles sont gracieuses, elles sont toutes proches, elles pourraient me renverser d'un coup de queue mais je sais qu'elles ne le feront pas, elles ont du respect pour les galériens. Elles essaient de me dire vers où ramer… Mais je le sais, c'est juste que je n'y arrive pas !

Jour 6

« Depuis des heures je vais. Le mouvement
de mes bras est totalement automatique,
le contrôle des avirons est devenu un réflexe.
Je n'ai pas la sensation de tirer.
J'avance pourtant. »

Gérard D'ABOVILLE,
L'Atlantique à bout de bras

Il est noir et jaune, et il s'approche. Sur sa coque, je lis son nom : *Marissa et Julie*. Les patrons-pêcheurs aiment baptiser leur chalutier du nom de leurs femmes, filles ou mères. Du haut de son pont, il me lance : « *Everything is OK ?* ». Je réponds : « *Yes, yes, I'm going to France.* » Pour qui me prend-il ? un fou ? un naufragé ? Il se rapproche toujours. Il me met en danger. Il ne se rend pas compte de l'inertie de *Romane*. Si j'étais en kayak, pas de souci, j'aurais la ressource ultime d'exécuter un cent quatre-vingts degrés sur place. Mais mon canot est lourd, pas manœuvrant. Je vais le taper, *fuck* ! je vais casser mon bateau ! Au dernier moment, enfin, ouf ! il met les gaz pour se dégager. Je le frôle à quinze centimètres, peut-être moins. Des marins ont perdu leur bateau pour moins que ça, c'était chaud, je n'ose même pas imaginer s'il avait broyé mon étrave. Après coup, une pensée me traverse, ce bateau de pêche aurait été l'occasion rêvée de me faire remorquer jusqu'aux portes du Gulf Stream ! Je retire tout de suite cette pensée, ce serait enlever tout sens à ma quête. Cette idée s'est immiscée dans mon inconscient, ce n'est pas de moi. La nuit, j'ai rêvé qu'un hélicoptère me transportait direct dans le Gulf Stream. Quand je me suis réveillé, j'avais reculé.

Jour 7

Est-ce que c'est la porte du temps qui m'appelle ? Parfois l'eau se met à tourbillonner. C'est comme un siphon qui se mettrait en fonction. C'est étrange. Vais-je être attiré vers le fond ? Ce serait con de crever comme ça.

En fait, depuis deux jours, j'essaie de passer George Banks, c'est un gigantesque haut-fond. Une espèce de plateau rocheux qui remonte. De deux cents mètres de fond, on passe à trente mètres, d'où l'enfer des tourbillons qui m'empêchent de le traverser et me force à le contourner, en accélérant les effets de courant. C'est un jeu de maso !

Jour 8

J'aurais aimé être ailleurs, dans le Gulf Stream. Je pense à d'Aboville, Il a eu de bien meilleures conditions de départ que moi, il avait eu du vent offshore direct, et il avait pu prendre le train en marche assez rapidement. Rien à voir avec l'enfer sur mer qui se trame ici. Je ne vais pas être indécent et jalouser, il partait dans un inconnu beaucoup plus réel que le mien. Respect. La réalité est plus compliquée qu'un livre référence ou qu'une théorie météo. C'est comme un impitoyable jeu de l'oie. Tu rames pour progresser avant d'être rejeté en arrière sur un sale coup de dé. J'ai dû faire trente milles aujourd'hui, mais plus de neuf vers le nord qui me sont inutiles, et en vérité, puisque je zigzague, c'est beaucoup plus. Je ne suis qu'à soixante-dix milles de l'échouage au Canada. Je dois être endurant et persistant, ne pas renoncer. Je dois manger, plus qu'à ma faim, pour me nourrir d'énergie. Je dois ruser, réfléchir aux renverses de courant, le flot, le jusant, y adapter des temps de répit stratégiques, même si ce n'est que cinq minutes. Je dois être tactique, choisir quand lancer une ancre flottante pour ne pas trop reculer. Ma volonté veut du sud-est, le courant m'impose du nord-ouest. Je dois garder le moral, puiser dans les événements de quoi rebooster ma jauge d'optimisme. Alors, chouette ! selon les prévisions météo, confirmées par Maurice, Claudette, une dépression retorse qui m'aurait attiré encore un peu plus nord, va m'éviter de peu. Alors, chouette ! j'ai de la compagnie, un aileron est revenu tourner autour de ma désolation, il s'était déjà exhibé, je pensais qu'il appartenait à un requin blanc mais, en fait, c'est un poisson-lune, je suis presque déçu. Pourtant, l'aileron est énorme, et je vois bien l'ombre noire et blanche en dessous, mais en m'approchant, pas de doute, c'est un énorme poisson-lune, et il y en a d'autres plus loin. Assez curieux, ce rassemblement.

Je profite du coucher de soleil qui n'est jamais la reproduction de la carte postale de la veille. J'adore ce moment, même en pleine galère, regarder le ciel se teinter de toutes les couleurs puis d'un bleuté plus profond qui se transforme en terrain de jeu des étoiles filantes. C'est ma séance de yoga à moi !

2.
GÉRARD

> « Mon corps travaille, un travail monotone, banal, stupide. L'esprit l'a quitté, il n'avait plus rien à faire, on n'avait plus besoin de lui. Il se promène. »
>
> Gérard d'Aboville, *L'Atlantique à bout de bras*

J'ai ressorti mon guide du routard. Le bouquin de Gérard.

En 1980, c'était une première en solo pour un Français. Soixante-douze jours. Le retentissement avait été incroyable, avec arrivée en direct dans les journaux télévisés.

Je l'ai appelé avant le départ. Ça me tenait à cœur de lui dire que j'avais choisi de faire exactement la même route ! Enfin, du moins, le même départ au mètre près et j'espère la même arrivée au phare du Créac'h ! On ne se connaît pas, ce n'est pas un grand bavard, il m'a souhaité bonne chance, façon tape sur l'épaule : « À toi de jouer, Guirec ! »

Il m'a recommandé de « ne pas faire les erreurs qui font perdre des minutes et les transforment en heures »...

Il partait sans balise, sans dessalinisateur. Il n'avait bien sûr pas d'Iridium satellite, il misait juste sur le très aléatoire réseau de radios amateurs. Il naviguait au compas et au sextant, et faire un point au sextant sur un canot qui n'arrête pas de rouler, c'est mission impossible. Encore une fois : total respect. Il a ouvert la voie. Malheureusement, on n'est pas en forêt, ce n'est pas parce qu'il a défriché un sentier qu'il suffit de le suivre. Ici, la nature efface les traces ! Longtemps, les pionniers ont essayé à deux. Quand l'un dort, l'autre rame. Leurs histoires sont épiques et souvent tragiques. Certaines sont même totalement méconnues. Des rameurs sont partis derrière l'horizon et plus personne n'a eu de leurs nouvelles.

McClean, un para anglais, a été le premier à réussir le coup en solo, en 1969, version courte, entre Terre-Neuve et l'Irlande. Soixante-dix jours. Lui, c'est un spécial. Il a aussi passé un mois sur l'île de Rockwell, qui n'est qu'un rocher entre l'Irlande et l'Islande, pour la revendiquer comme anglaise.

Puis, il y a le récit inspirant de Gérard d'Aboville, je le feuillette, même si je le connais déjà.

Je vais de surprises en surprises.

Page 46. Il s'éclairait à la bougie pour économiser sa lampe torche.

Page 119. Il croise un voilier allemand, il se met à couple, il monte à bord pour un café. Je veux bien l'adresse de ce bistro car je ne vois rien qui y ressemble !

Page 134. Il a en a marre du thon et des sardines. Un cargo lui balance de la nourriture : du thon et des sardines. Dix boîtes de thon péruvien, dix-huit boîtes de sardines norvégiennes.

Page 134 encore. Un requin se frotte le dos sur sa coque. Il essaye tout, corne de brume, torche allumée, pompe de fond de cale qui fait des bulles, pour lui signifier d'aller se gratter ailleurs.

Page 137. Un chalutier soviétique l'abreuve de vodka et l'encombre de brochures de propagande.

Page 145. Un Bréguet Atlantique lui parachute du champagne. Est-ce que j'aurai droit aux bulles même si je ne bois pas d'alcool ?

Page 148. Un éclat toutes les dix secondes. Le signal du phare de Créac'h à Ouessant. Dire que, je ne sais pas quand, moi aussi, je verrai la même lumière... Mais je préfère ne pas en rêver trop tôt.

C'est bizarre de mettre en parallèle deux voyages, qui sont à la fois cousins et tout autres.

J'aime lire ses aventures. Mais je renonce à comparer nos positions. C'est démoralisant.

Toute une époque. Il a eu la sienne. J'ai la mienne.

On partage une phrase : « La pire des défaites, c'est de ne pas essayer. »

Jour 10

La nuit dernière, j'ai tenté une option, un dauphin est venu me voir, il avait l'air de vouloir me passer un message. Sur la carto, j'avais repéré une marque spéciale. C'est une balise jaune, à éclat jaune la nuit, le genre de balise qui matérialise des câbles sous-marins, elle sert à indiquer aux pêcheurs de ne surtout pas venir traîner leur chalut au fond. Bref, en tout cas, je me suis dit que je tenais là une chance de me reposer quelques heures et d'attendre que le vent tourne en ma faveur. Je rêve tellement de dormir plus d'une heure d'affilée, sur mes deux oreilles, j'en ai besoin, mon corps est au radar.

Le brouillard était encore à couper au couteau, j'ai eu beau batailler des heures durant pour caper vers ce point d'immunité temporaire. Mon amarre était même prête pour le lasso.

Je n'aurai pas cette chance. Même pas l'ombre d'une lumière jaune.

À force, je commence à comprendre le jeu. Les éléments, vents et courants, te tirent de divers côtés ; moi, je taille une route théorique. Ça fait des flèches en tous sens. Il ne faut pas se battre bêtement et héroïquement. Sinon, dans deux jours, je me retrouve échoué sur une plage du Canada. J'ai bien étudié l'annuaire des marées. À 23 heures, le 22 juin, la marée se renverse et pulse vers l'est, c'est le jusant, la marée descendante, elle pousse vers le large. Alors, aux rames ! pour tenter de rompre cet élastique qui veut me ramener à terre. Six heures plus tard, bien sûr, la mer remonte direction inverse, c'est le flot, je ne l'aime pas, ça doit être pour ça que j'ai l'impression qu'il est plus fort. Le vent a tourné au secteur nord-ouest, il m'est enfin à peu près favorable. C'est un *turning point*. Le vent contre le courant : on n'aime pas ça non plus, en Bretagne, c'est un affront à la surface de l'eau, ça lève une mer illisible, comme dans une marmite. Je suis en mode rodéo, ballotté, secoué, mixé. Un grain s'en mêle. Il rafale, il me trempe jusqu'à la moelle, mais il est mon allié, il souffle pour moi. J'ai l'impression de voler à 10 nœuds au-dessus de la marmite, j'en suis presque euphorique. En fait, je progresse à 1,4 nœud. Mais c'est tout de même suffisant pour satisfaire ma marche avant, c'est le petit plus qui me permet de me libérer du plateau continental, d'avoir sous moi plus de deux mille mètres de fond, d'échapper définitivement à l'emprise des marées. C'est un miracle, c'est une délivrance ! Les vents suivants s'annoncent défavorables, mais j'ai bon espoir d'attraper le Gulf Stream à temps. Je suis exténué, j'ai douté, vraiment, j'étais habité par la frustration de puiser au fond de mes tripes, de tirer au maximum sur mes muscles, et d'être si peu récompensé.

Jour 11

Le plaisir peut être ailleurs. Sur la mer, ça avance si peu. Sur la terre, en revanche, j'ai fait un bon considérable. La banque a accepté le montage financier pour le bateau du Vendée. C'était urgent, les vendeurs sont rares, les acheteurs nombreux, une poignée de main pleine de promesse ne suffit pas. Ce n'était pas seulement une question d'euros. Il fallait ma signature authentique. Impossible de se télétransporter. Entre gens de bonne volonté, on finit toujours par s'arranger. Sur la mer, ça décuple, ça centuple mes forces. Je suis propriétaire d'un petit bateau, *Yvinec*, d'un canot, et maintenant d'un Imoca de course de 18 m. Je suis taré. Je ne suis jamais monté sur un bateau qui va vite, sauf à considérer qu'une planche à voile est de la même famille. C'est fou, je ne réalise pas ! Il faut dire que les circonstances du jour n'aident pas à se projeter d'un tel bond dans le futur.

Jour 12

C'était l'*happy birthday* de qui, là ? Julie, Paul, Antoine, Pépito ? J'ai repéré un ballon de baudruche éclaté, rose, avec sa ficelle, qui vient de finir sa vie dans l'Atlantique. Et si je m'amusais, moi aussi ? Je pars à sa pêche, ça mérite le détour. Ces joyeux ballons montent dans le ciel aux anniversaires, ça fait rêver les enfants cinq minutes et ça pollue pour l'éternité (ou presque). On dirait de la sargasse en plastique ! Pas facile, la pêche au ballon. Mes cannes, c'est mes avirons. La mer n'est pas sympa avec moi. Elle ne me facilite pas l'approche. *Damned*. J'ai de la route, au bout de vingt minutes de navigation d'approche, je renonce… J'ai récupéré mieux : une belle bouée de casier rose qui dérivait. Je la rajouterai à toutes celles que j'ai amassées à Yvinec. Si je pouvais, je ramasserais tout… À part ça, je suis crevé. J'ai voulu m'enregistrer, c'est ma façon de tenir mon journal de bord, je n'ai pas vraiment le temps d'écrire et mon bureau est quelque peu spartiate et bancal. Résultat, la bande s'est étirée sur quinze minutes, alors que je n'ai même pas parlé trois minutes. Ce n'était pas le manque d'inspiration, j'ai toujours quelque chose à raconter, je me suis juste endormi, tel un zombie flottant. Je suis naze. Je force, je n'avance pas et souvent, même, je recule. J'ai fait un test : je me suis arrêté de ramer à peine dix minutes. Eh bien j'ai perdu 0,2 mille. C'est à pleurer. Je m'y suis remis. Sur la carte, j'ai avancé de 200 milles, sur le terrain j'ai trimé le double. C'est dur, dur, dur, dur, dur…

Jour 13

Donc je ne m'autorise aucune aide extérieure motorisée. Un cétacé, ça n'a pas de moteur. Si la petite baleine qui vient de sauter devant moi, à cinq mètres, pas plus, me prêtait sa queue pour m'amarrer en remorque à elle, ça compterait ? Elle ne s'est pas remontrée, donc cessons de fantasmer. Et revenons à la dure réalité comptable. J'ai dormi cinq heures, un exploit, et dérivé 5,7 milles dans le nord-ouest, c'est bien. J'ai pétole, cet après-midi, donc je ne vais pas être freiné dans ma volonté de faire du sud-est. Sauf si les courants s'en mêlent. Et merde ! justement, ils sont encore contre moi. Résultat : je vais ramer dans un mur. Moi qui croyais enfin tenir le bon bout, je ne suis pas près de choper le Gulf Stream. C'est comme une route qui jamais ne t'amène à l'entrée de l'autoroute, qui t'en écarte, qui t'impose des efforts vains et incessants.

C'est désespérant. Je suis puni de quoi ? J'ai froissé Poséidon ? Je ne suis pas bien vacciné ? Je ne peux même pas prendre de temps pour moi. C'est un exercice permanent. Il faut que je me sorte d'urgence de ce cauchemar. Je me fais chier comme un rat vivant à me sortir d'un piège où je me suis moi-même enfermé. Je ne rêve que d'une chose : me reposer sereinement.

Jour 14

Et la lumière fut ! Un truc incroyable. De nuit, avec le plancton, c'est quasi habituel. À chaque coup d'aviron, la surface frétille de lumière. C'est très stylé, c'est quasi fluo. Mais là, subitement, c'est comme si un projecteur m'avait spoté. J'ai sursauté, j'ai flippé. Je me suis détourné, juste pour voir ce trait lumineux entrer dans la mer avant que la nuit reprenne le dessus. Un truc est tombé du ciel. Une météorite énorme. Ou un bout de satellite, je ne sais pas, en tout cas je pars dans un délire, je me dis que c'est un cadeau du ciel… que l'onde de choc sera assez forte pour créer une vague gigantesque, une vague surfable jusqu'à Brest ! Je me fais des films, je me crois bientôt délivréééé, libérééé, *Romane* filant dans un tube interminable !

Au lieu de ça, j'ai le courant, comme un poulpe géant, qui me rechope de son plus long tentacule, et tente de m'entraîner vers le nord. Je dois encore et encore lutter. Quatre jours quasi complets d'acharnement. J'ai été traversé par un véritable ras-le-bol. À personne je ne souhaite de vivre ce que j'ai vécu, même au plus obsédé des masos. Impossible de s'arrêter de ramer. Le bateau devait rester dans l'axe strict du courant ; dès que je l'abandonnais à lui-même, il se mettait en travers, et vous connaissez la musique pour le relancer dans le droit chemin… Je n'ai fait que me battre. Chaque coup forcené d'aviron était une lutte contre l'inertie. Le rameur ne glissait pas, il pesait.

C'est incroyable de voir jusqu'où on peut puiser. Je ne pensais pas mon corps capable d'une telle endurance. Tout tient dans la tête, j'en suis persuadé, et ça tombe bien : en bon Breton, la mienne est dure comme du granit.

Jour 15

Je ne rame pas seul. Newt m'indique que des centaines de commentaires ont suivi le dernier post. C'est comme si toutes ces personnes poussaient mon canot, c'est comme si je n'étais pas utile qu'à moi-même. Être suivi par une belle communauté donne la pêche. Comme par hasard, je commence à m'installer dans un rythme de croisière qui s'amuse avec des moyennes à 3 nœuds. C'est touchant de lire les messages. Il est question d'abnégation, de courage, de détermination. C'est parfois submergeant. « Si on était en période de guerre, je viendrais à tes côtés », me glisse une interlocutrice. Wouah ! Je n'ai pas la prétention d'être un influenceur. Simplement, si je peux susciter des vocations, si je peux déclencher le petit plus qui fera que certains oseront aller vers plus de bonheur, vers plus d'audace, c'est ma récompense. Notre passage sur terre est un trait éphémère. Qu'en faire ? Être totalement soi, être aussi utile. J'aime lire qu'untel ou unetelle a sauté le pas en me voyant oser. La peur de l'au-delà, de la vague suivante, du pas suivant, ne doit rien empêcher. Mon horizon est ouvert à trois cent soixante degrés. Plutôt vers l'est, si possible.

Jour 16

J'ai le coude droit qui grince, j'ai mal aux fesses, mon Iridium fait des siennes, la connexion rame – c'est le cas de le dire. Je cape enfin sud et vers le Gulf Stream qui redevient un objectif plausible. Et puis, grand explorateur devant l'éternel, je me suis offert une visite exclusive au musée océanographique itinérant de *Romane-sur-Mer* : en pissant par-dessus bord, j'ai éclairé un banc de petites méduses avec ma frontale. Elles étaient des milliers. J'ai eu envie de plonger au milieu, je ne sais pas pourquoi je me suis ravisé !

Jour 17

J'écris à Newt. Je lui ai peu écrit. Faute de temps disponible. J'écris les choses de la vie, des banalités mêlées à quelques considérations plus existentielles. Je lui raconte les couchers de soleil qui s'offrent à moi chaque soir, plein ouest ; l'eau, belle, translucide. Je m'impatiente pour notre bébé, ça va être long d'attendre. Je m'excuse de ne pas avoir pu longuement lui écrire depuis le départ. Je partage mon plaisir de m'être extirpé des côtes ventouses du Canada, de voguer vers la Bretagne. L'eau est passée d'un grisâtre incertain à un bleu plus franc, parfois carrément turquoise. Le thermomètre que je trempe et retrempe dit 23 °C. Les signes sont incontestables : je suis enfin dans le Gulf Stream ! C'est comme si j'étais enfin entré sur l'autoroute après moult errements, demi-tours et culs-de-sac sur des chemins sans issue. La route est tracée et la moyenne va grimper. Tout baigne. Des poissons volants par dizaines semblent m'indiquer le chemin. Ils étaient toute une famille, au moins une centaine, avec deux plus gros qui semblaient être le papa et la maman, peut-être même qu'ils avaient donné le tempo. « Un, deux, trois, on saute ! » Ça m'a fait marrer. Je crois à une sorte de langage des animaux. Alors, quand une bande de joyeux dauphins est venue me tourner autour, je me suis aussi interrogé. De quoi venaient-ils m'entretenir ? J'ai vérifié mon cap, j'ai regardé devant s'il n'y avait pas un danger. Peut-être qu'ils venaient juste jouer...

Jour 18

Je suis prévenu, je vais entrer dans le shaker, je vais donc être secoué, et le principe, c'est qu'on ne sait pas de quelle couleur on en sort, ni avec quelle couche dessus ou dessous.

Une tempête fonce droit sur moi, et la mer va vraiment monter en furie.

Je ne skippe pas (encore) un grand monocoque qui file plus vite que le vent pour prendre l'option de contourner la dépression avant son impact. Je n'ai qu'un seul choix : faire le dos rond et me préparer à la baston.

Les fichiers météo sont unanimes, ça va barder sévère. La météo annonce des vents à 45 nœuds, avec rafales à près de 60 nœuds, creux de sept mètres, mer croisée avec déferlantes...

À terre, je sens Maurice froncer les sourcils tandis qu'Alice allume un cierge. Je rassure Newt, tout va bien se passer.

J'échange avec Alice sur le sujet de mon ancre flottante. J'ai décidé de l'amarrer à l'arrière, à la poupe et non à la proue. Alors qu'en temps normal, si la mer n'est pas trop formée, j'ai tendance à l'installer à l'avant car l'étrave est plus profilée pour se mettre face au vent quand je dérive. Mais quelques paramètres me préoccupent. Si ça déferle de sept mètres, ça représente des paquets de mer de plusieurs tonnes qui risquent de s'écraser de plein fouet sur mon capot d'entrée, cela va m'empêcher de garder le mini-hublot, en son milieu, ouvert pour respirer. La proue du bateau, étant aussi plus légère et fine, retombera beaucoup plus vite et beaucoup plus loin à bâbord ou à tribord avant que la vague suivante reprenne la tension. Ce qui veut dire que les rappels vont être d'une violence fracassante.

Sinon… je mets la petite ou la grande ancre flottante ? Avec la grande, je dériverai moins mais je risque de tout arracher si elle est trop efficace. La petite sera un poil moins brutale pour l'œil en Inox qui sert d'attache à la coque.

Bref, ma décision est prise, je mettrai la petite ancre, toute la longueur de bout, soit 50 m, pour plus d'élasticité, et je frappe le tout à la poupe.

J'arrime tout à bord. Il faut que tout soit bien fixé dans les fonds, que rien ne se balade ; en cas de chavirage, le lest doit toujours être au plus bas de la flottaison. Je sécurise le grappin dans le compartiment avant, de telle sorte qu'il ne puisse pas cogner contre la paroi. Il pourrait casser le contreplaqué. Je fixe mes avirons encore un peu plus fort et plutôt deux fois qu'une. Hors de question de risquer de les perdre. Je n'ai bientôt plus qu'à attendre. Je sais que je vais me faire défoncer. Mais quand et comment ?

Il est 5 heures du matin, la tempête est prévue pour la nuit prochaine mais la mer va commencer à se former assez rapidement. Je profite des premières lueurs pour ramer, ramer, je gagne tout ce que je peux avant de devoir rentrer dans la machine à laver.

7 heures. Je me fais malmener, il n'y a que 25 nœuds mais c'est déjà assez pour m'empêcher de ramer correctement.

8 h 30. Il fait déjà chaud, il n'y a pas un nuage dans le ciel. Je retarde le moment où je vais m'enfermer, je maudis le ciel bleu qui va chauffer mon habitacle. J'installe ma petite bâche sur le globe vitré, elle ne devrait pas bouger.

10 heures. Je demande à Newt une capture d'écran de la carte des courants sur l'application Windy. Je n'y ai pas accès et j'ai besoin d'estimer ma position par rapport à la route où le Gulf Stream sera le plus rapide et le plus favorable. Elle me fait ça aux petits oignons, même avec des points rajoutés sur Photoshop.

11 heures. Je suis à l'intérieur. Alice m'envoie un message inquiet : « Les conditions vont commencer à se dégrader, tout va bien pour l'instant ? » Je lui réponds : « Oui, t'inquiète, tout va bien, j'ai juste chaud. »

En réalité, je surchauffe, je ne sais pas combien il fait à l'intérieur mais plus de 40 °C. J'ai bien la tête collée au mini-hublot du capot d'entrée. Celui qui reste à l'air libre, que je sois à l'endroit ou à l'envers. Mais ça ne suffit pas. Pour l'instant il y a trois ou quatre mètres de creux, ce n'est pas encore critique. Je n'ai même pas encore jeté l'ancre flottante. Du coup, j'ouvre le petit hublot du roof en plus, pour faire un courant d'air pendant que les conditions le permettent. De toute façon je reste en dessous, si je devais me retourner je suis prêt à le refermer illico… Mais ça n'arrivera pas avant que la mer ne forcisse encore.

3.

VIVANT !

VIVANT ! Je suis vivant.

Je suis à califourchon sur mon canot retourné… Mais je suis vivant.

Je ne sais pas bien comment je suis passé du fond du bateau plein d'eau au-dessus de la coque mais c'est déjà un miracle que je respire.

J'étais obligé, j'étais obligé d'ouvrir la porte. Je n'avais plus d'air… Tout s'est passé si vite. En quelques secondes ? Je n'en sais rien, c'était un sas spatio-temporel, plus de repères, plus d'air, plus d'horizon, plus de cerveau.

Quel con, mais quel con !

J'ai joué, j'ai perdu. Comment je fais, moi, pour redresser un bateau plein de flotte ?

J'ai beau savoir que c'est impossible, je me lève sur la coque, je chope le bout de redressement. Je fais du rodéo dans les vagues, debout, pendu de tout mon poids sur cette ligne censée redresser mon canot… « censée », s'il était plein d'air, pas plein d'eau !

Évidemment rien ne se passe. L'eau rajoute quoi ? une tonne ou plus à la tonne existante ? Je n'ai pas le cœur à faire le calcul, mais c'est de la physique pure et simple. Ça se voit à l'œil nu que c'est impossible.

Il y a bien la barre de fer, l'espèce d'arceau, de wishbone, à poste le long de la coque, qui, une fois déployée à l'équerre, sert normalement de bras de levier, si je mets mon poids au bout. C'est peine perdue aussi, mais quoi ? je ne vais pas attendre là et m'apitoyer sur mon sort en attendant la fin, bordel !

Je plonge enlever les scratchs qui maintiennent le wishbone le long de la coque. Un à un, j'arrache tout, j'essaie de garder une main pour me tenir sinon je me cogne, ou pire, je me fais emporter par une vague. Je remonte sur la coque à l'envers, je saisis la barre métallique que je redresse petit à petit à bout de bras, jusqu'à la brandir vers le ciel. Je suis à nouveau debout et ça swingue. Je déporte mon poids vers tribord – enfin, à l'envers, je ne sais plus si c'est tribord ou bâbord. Je crois que le bateau penche sensiblement vers mon poids, mais rien à faire, même en sautant, même en me projetant vers la surface. Il ne bronche pas et l'opération est rock'n'roll.

Je me rassois.

Je m'agrippe à un bout. Je connaissais les règles du jeu. J'accepte la sentence. Je suis un petit con.

Je comprends que c'est fini – enfin, je ne connais pas vraiment la fin, mais j'en mesure un peu l'issue.

Tout se mélange dans ma tête. Je n'ai pas peur de la mort, non, je l'accepte. Enfin, non, je l'accepte mais je n'en ai pas envie. J'ai beau savoir que je vais rejoindre mon père, ce n'était pas le plan. Je dois devenir père à mon tour. Quel égoïste. Newt, le bébé, veuve et orphelin… L'horreur absolue.

J'ai mal pour mes proches. J'ai même pas mal pour moi, je n'en sais rien, en fait. Je dois être frigorifié mais je n'arrive pas à le ressentir. Je suis exténué, je le sens par contre. Ça doit faire cinq heures ou plus que je suis à la baille.

Je vois mes affaires disparaître une à une, tantôt flottantes, tantôt entre deux eaux.

Et là, un gros cône orange coule. Il doit être à deux ou trois mètres. Mais bien sûr ! mon ancre flottante !

Romane, même remplie d'eau, avance toujours avec le vent et les déferlantes. L'ancre flottante peut exploiter ces forces en résistant au poids de la pression !

Je plonge, je réussis à remonter l'ancre puis à l'accrocher à mon long bout de 50 m. Je l'enroule autour du cockpit et l'amarre dans le travers du bateau. La manip me prend du temps et encore une baignade risquée. L'ancre se retrouve sous le vent du bateau. Elle commence à dériver doucement, mon saucissonnage commence à se resserrer au fur et à mesure que le cône de l'ancre se remplit, la pression commence à la mettre dans l'axe voulu, ça résiste, ça force mais rien ne se passe.

Je déploie à nouveau le wishbone. Il faut que je mette toutes les forces de contrepoids en jeu.

Une déferlante surgit de nulle part.

Machine à laver. Je suis sous l'eau. Je suis toujours vivant ? Pas assommé ? Pas décapité ?

Ahahahaha ! C'est un nouveau miracle, je n'y crois pas ! Je suis non seulement vivant mais mon bateau est à flots et dans le bon sens !

Pas le temps pour la danse bretonne. Je crie quand même de toutes mes forces. OOOOOOUUUUAAAAIIIISSSSSSS !

Tout ça m'a pris une énergie monstre mais l'adrénaline fait le job. On comptera les calories après.

Romane est toujours entre deux eaux, la course contre la montre est lancée. N'oublions pas que la tempête est toujours prévue pour ce soir, que les conditions vont monter et que je ne suis pas au sec à l'intérieur. Il y a du taf, il faut vider ce putain d'habitacle, c'est une piscine, le capot est ouvert, le niveau de l'eau en est là.

D'abord, remettre l'ancre flottante à poste à la poupe du bateau. Ainsi je serai à nouveau rappelé dans le sens des déferlantes et pas en crabe.

Puis je m'empare de mon seau, toujours bien arrimé dans le cockpit. Je ne perds pas de temps, je rentre dans la cabine et j'écope frénétiquement. J'ai le palpitant à fond, et en même temps je ris quand je retrouve le livre de d'Aboville en brasse coulée entre le matelas et le réchaud. Je retrouve mon humour, ou du moins mes nerfs relâchent du lest.

Dès que j'estime que l'eau n'est plus un danger, je ficelle le matelas dehors, le sac de couchage, tout ce qui est imbibé.

Je me renferme à double tour, j'enfile mon casque. Me voilà au point de départ. Je me rends vite compte que les compartiments étanches ne l'étaient pas. Adieu le Mac, il pourra servir de pagaie de secours.

En revanche, l'odeur de cramé m'inquiète.

Toute mon électronique a pris l'eau. Tout. Tout. l'Iridium Go est mort, donc je ne peux même pas espérer le connecter à mon téléphone qui, lui, a pris l'eau par le branchement des écouteurs. C'est bien ma veine, lui qui était dans un boîtier étanche.

Je cherche mon Iridium de secours, celui-là est tout terrain, je tente de l'allumer. L'écran sursaute, commence à chercher le satellite puis s'éteint. C'est mort.

Je ne peux plus joindre personne, je ne peux plus avoir la météo.

Youpi.

Ils vont m'enterrer vivant…

Jour 19

La nuit a été épique. Je ne saurais dire s'il y a eu les sept mètres mais c'était plus que rock'n'roll, dans mon tambour de machine à laver programmée sur « essoreuse ».

J'ai grelotté toute la nuit. J'essayais aussi de ne pas me cogner, le rodéo était interminable, je priais pour ne pas me retourner à nouveau. C'était le chaos, à l'intérieur, et l'eau continue de suinter de partout, ça tombe du plafond, ça sort des coffres, le baromètre est plein à ras bord, le tableau électrique aussi.

Mais je suis là, serein et reconnaissant. L'océan ne m'a pas englouti.

Je flotte, j'ai des rames, j'ai à manger. Je suis le seul à le savoir. Je suis un point, une goutte d'eau dans l'immensité, invisible, indécelable.

Ma grosse phobie est de me faire défoncer par un supertanker. Ils ne peuvent pas me repérer. Je suis trop bas, trop minuscule. Je ne suis plus rien. Je démonte, je sèche, je dégrippe. Le bricolage évite la gamberge. L'électronique est une bizarrerie. Sait-on jamais. J'ai mon dessal manuel, il ne s'est pas fait la malle, lui. Contrairement à mes vêtements techniques, mes allumettes, et tant d'autres détails de confort. Le seul truc que je vois fonctionner pour l'instant est le petit panneau solaire de secours, celui qui se branche en USB. Il me reste la VHF portable, portée cinq milles max. J'arrive à la recharger.

Il faut que je croise un bateau. Assez près pour lui parler mais pas trop pour qu'il ne me découpe pas. Il y a encore trois à quatre mètres de creux, ce n'est pas le moment de partir à l'abordage.

Dans le crépuscule apparaît la masse fantomatique d'un navire, je rêve où quelqu'un m'a entendu là-haut ? Est-ce qu'il va me capter ? Est-ce qu'il va répondre ? Je dois rassurer tout le monde à terre. Je suis sûr que la cellule de crise est déjà activée.

Il ne faut pas que Newt ait le temps de penser au pire. Il ne faut pas.

Ce cargo est un cadeau ! Vite, entrer en contact.

La VHF grésille, une voix s'impose.

Le bateau s'appelle le *Tsukuba Maru*. L'accent est tranché, asiatique. Il veut me récupérer, il pense que je suis en détresse. Je rétorque que ce n'est pas le plan. Je transmets quelques nouvelles minimales : je suis en rade de communication, je vais bien, je continue ma route vers la France. Je leur demande d'appeler Newt, par tous les moyens.

4.

TRENTE HEURES DE FLOU

Newt, Nolwenn, Alice, Maurice, Johann…

Ils m'ont raconté, après. Moi, je savais, pas eux. J'ai beaucoup pensé à eux et à tous ceux qui me suivaient. Chacun s'est imaginé mon film.

J'ai chaviré en fin d'après-midi, heure française. Le 3 juillet. Ils n'ont eu de nouvelle que le soir d'après. Trente heures. Un trou.

Un drôle de jeu s'est imposé entre les proches, avec des dits et des non-dits, des excès de mots rassurants et des silences trop pleins. Chacun fait comme il peut et au mieux. Se délester d'une part d'inquiétude et préserver les plus exposés, partager et agir aussi.

La grande fratrie Soudée ne s'appelle pas tous les quatre matins, donc quand Édouard appelle Nolwenn pour lui annoncer « Tu sais, Guigui a essuyé une tempête, Alice n'a plus de nouvelle, elle est quand même inquiète », l'alerte est donnée.

Alice a rappelé à tous que j'avais exigé qu'on ne sollicite les secours qu'en dernier recours. Le moment était-il arrivé ?

Nolwenn est favorable à sonner l'alerte. Elle est de douze ans mon aînée et a souvent joué le rôle de maman. Elle a des enfants, il faut protéger Newt et l'enfant qu'elle attend.

Alice prend des précautions et défriche le terrain pour ne pas prendre de décision hâtive. Elle a été capitaine de bateau aux Antilles, elle est rationnelle. Elle se met à ma place.

La première interrogation est la balise. Pour elle, il ne fait aucun doute que si mes deux Iridiums ne fonctionnent plus, c'est que de l'eau a envahi l'habitacle. Mais si c'était le cas, la balise de détresse aurait dû se déclencher automatiquement en étant submergée. Sinon peut-être que j'ai sombré et que cette balise, n'ayant pu rejoindre la surface, n'a pas pu émettre de signal. C'est trop pessimiste, elle préfère croire que, éternel étourdi, j'avais oublié d'embarquer le chargeur de mon Iridium de secours. « J'ai oscillé entre le super-positif et le super-négatif », me racontera-t-elle.

Avec si peu d'indices, tous les scénarios sont possibles. Elle va donc mener l'enquête auprès des centres de recherches de Halifax, puis de Boston, avant de se tourner vers le Cross Gris-Nez qui est le centre de référence de l'Hexagone pour tous les bateaux battant pavillon français dans les eaux internationales.

Aucune balise n'a été déclenchée.

Newt, où qu'elle soit, a l'habitude de vérifier ma position, qui se met à jour toutes les quatre heures. Elle a vite compris que le contact était rompu. Il est clair que le petit point ne bouge plus sur la cartographie et provoque des tas d'interrogations.

Maurice, dans son antre, à l'Aber-Wrac'h, malgré toutes ses antennes, ses bidouilles et ses secrets, ne pouvait plus me repérer. Les pages de son petit carnet sont restées vierges. Plus de chiffres à marquer. Il a routé des cadors pressés et des amateurs intrépides. Il a confiance en moi. Il avait admis un seul vrai risque : la collision avec les cargos, mais ma route ne suivait pas une route commerciale majeure.

Newt sait que les communications satellites ne sont pas une science exacte. On échangeait surtout par messages texte. C'était notre deal de départ. Elle tient à participer à l'aventure. Souvent, c'est juste une phrase, un chiffre, un mot. Mais je l'informe. Elle me suit en pointillé. Elle ne reçoit plus rien. C'est arrivé d'autres fois. Elle reste sur le dernier message reçu : « Il fait très chaud. Content. Arrive à faire de l'est. La houle monte. »

Le lendemain matin, toujours rien, ni message, ni position nouvelle. L'inquiétude prend la pente ascendante. Car la tempête, a priori, est bel et bien passée, et toujours aucun signe de vie.

Johann, mon pote de Saint-Martin qui a navigué avec moi quelques semaines dans le Grand Nord, se veut apaisant : « Ne vous inquiétez pas, Guirec gère toujours. »

Quelle est la part d'autopersuasion ? Quelle est la part de mensonge pour rassurer ?

Les scénarios se superposent aux scénarios. Il n'y a que moi qui connais le vrai, qui suis dedans.

Alice, qui n'aime pas avoir un canot de retard, s'était vite mise en mode alerte. Elle regardait désespérément ma position figée sur l'application Marine Traffic, comme si, soudain, *Romane* allait se mettre à bouger. Alice a repéré un tanker et un cargo dans mon parage, elle appelle Maurice pour avoir son avis, elle voudrait tenter une mission de repérage, sans trop déranger les marins de commerce et sans risquer de mettre fin à mon aventure si je suis toujours vivant. Maurice confirme que le cargo à cinquante milles de ma dernière position pourrait infléchir sa route sans perdre trop de temps sur son planning. Encore fallait-il qu'Alice ne passe pas pour une hystérique ou une mystificatrice auprès du Cross Gris-Nez. Elle est assez posée pour être prise au sérieux. Les officiers du Cross valident l'idée, c'est en effet protocolaire de mener une enquête pour lever un doute sur un état de détresse sans pour autant déclencher de réels secours. Ils mettent donc en alerte les bateaux sur zone, leur demandant une veille radio.

C'était chercher une aiguille dans une botte de foin. Avec ma portée VHF limitée, l'opération avait peu de chance d'aboutir.

C'est là que le *Tsukuba Maru* a pris contact avec moi, abrégeant la torture psychique que j'imposais à tout le monde.

Trente heures suspendues...

Jour 22

J'ai fait une moyenne de 5 milles nautiques en dormant : Hourra !

À quoi bon ramer ? J'avance de 47 milles en douze heures. Je fais un cap au 103°, que demander de plus ? Mais si, je vais ramer, encore plus fort, je vais arriver encore plus vite !

J'ai perdu l'appétit depuis le retournement. Pourtant je me sens bien, mais impossible d'avaler quoi que ce soit. Est-ce que c'est un syndrome post-traumatique ? Je ne me sens pas traumatisé pourtant. Allez, je me force : deux taboulés et un plat.

Tout est beau, maintenant, je suis au cœur du Gulf Stream, là où je voulais être. Certes, j'ai beaucoup de problèmes techniques, mais je suis en pleine santé, sauf mon genou qui a dû prendre un bon choc dans mes cascades. Mais je suis motivé, plus déterminé que jamais. J'ai gagné une nouvelle vie.

Je me fais quand même une promesse : ne plus jamais ouvrir ce hublot supérieur quand la mer est formée. Tant pis si je dois faire du sauna, mais c'est le hublot du capot ou rien du tout, maintenant. J'ai beau avoir une bonne étoile, je ne sais pas combien de crédit il me reste dessus.

Je suis accompagné de belles dorades coryphènes depuis deux jours, donc je ne suis pas vraiment seul. J'ai vu un banc de thons passer, j'ai cru un moment que c'étaient des dauphins, mais non. C'est sûrement pour ça que les dorades sont venues trouver refuge sous *Romane*.

Je continue mes lessives à l'eau de mer pour me débarrasser du moisi. Je continue de gratter, poncer, mettre du WD-40 sur tout ce qui me tombe sous la main. L'AIS marche par intermittence, ouf ! L'allume-cigare aussi. Je n'ai plus de dessalinisateur électrique, je serai condamné à pomper, ça, je sais faire. Je n'ai plus de VHF fixe, il ne faut pas que la portable me lâche. Je n'ai plus non plus de réflecteur radar ni de GPS fixe.

Je croise un second bateau. Le *Sunny Bay*, un chimiquier qui sera donc mon second messager. Je leur dicte un message, en anglais, qui, traduit, donne ça : « S'il vous plaît, notez que Monsieur Guirec Soudée a demandé de signaler que tout allait bien à son bord. Il a perdu tous ses moyens de communication et qu'il vous contactera quand il pourra via les bateaux qu'il rencontrera sur son chemin. Il espère atteindre la France en septembre et sa position actuelle est 41° 02' 58" N, 56° 48' 41" W. » À l'époque épique, Bernard Moitessier avait annoncé après le cap Horn qu'il ne rentrait pas sur l'Europe, qu'il abandonnait la course qu'il était en passe de gagner, qu'il continuait sur ce qui serait « sa longue route » pour « sauver son âme » en envoyant une feuille écrite à la fronde sur le pont d'un cargo. À l'image des anciens navigateurs, me voilà condamné à communiquer avec les bateaux que je croiserai.

La source qui ne cessait de tomber du plafond commence à se tarir. J'ai pu, bonheur suprême, dormir à nouveau sur un matelas « presque » sec.

Jour 24

La meneuse du groupe, je l'ai appelée Paulette, elle donne la cadence. Je rame avec elle, je fais attention de ne pas l'assommer, surtout. Je parle de mes dorades, bien sûr, elles sont trop belles, mes nouvelles copines.

Je m'approche du 100 milles par jour, j'ai fait exactement 94 milles nautiques sur vingt-quatre heures, record du monde, enfin record de moi. Je suis toujours en galère d'instruments mais, joie intense, j'ai récupéré ma carte papier de l'Atlantique nord. Je l'ai séchée, elle est gondolée, elle invente des montagnes qui n'existent pas. Ça ne m'empêchera pas de marquer mes positions si le hasard me fait croiser des bateaux qui confirmeront ma position. Je suis tellement positif et optimiste que je ne m'étais pas projeté sur le pire. N'importe quoi peut arriver à n'importe qui, n'importe où. Je ne l'avais pas intégré. Résultat, j'en suis à essayer de sauver des petites choses à gauche et à droite. Je ne me suis pas assez préparé en amont, je n'avais pas assez imaginé les cas de figure. Miracle électronique, une fois rincé et séché, mon téléphone a fini par se rallumer ; et, même si je n'ai pas de réseau, grâce à la carte Navionics que j'avais téléchargée, j'ai une fonction GPS hors connexion. Le grand luxe ! C'était inespéré, je pensais qu'il était mort et enterré. Je découvre aussi que j'ai la fonction boussole dessus. Elle est même plus précise que mon compas qui bouge trop avec le roulis du bateau. La prochaine fois, je prendrai une petite boussole portative. La prochaine fois... J'ai quand même de la chance. Je m'en sors. Je dois retenir la leçon et prévenir un nouveau chavirage. Je glisse dans un sac étanche un nécessaire de sécurité et de survie, et je mets le tout dans le compartiment avant, celui des réserves de nourriture, qui, lui, est resté étanche.

Jour 25

Le ciel ne m'est pas encore tombé sur la tête. Il se rapproche pourtant. Il est noir, noir, noir. Va-t-il m'écraser contre les eaux ? Vais-je disparaître ? ha, ha ! Ça fait presque peur. Ça donne un coup de spleen. Je regarde les photos de famille de l'été dernier sur mon téléphone. Oui, ça me file un shoot de nostalgie. J'aime le mois d'août en famille sur Yvinec. Si je rame bien, je dois pouvoir m'y pointer vers le 20 ou le 25. Je serais tellement heureux. J'ai fait mes calculs, en gardant ce rythme soutenu, je gagne du terrain. Et puis je refais mes calculs mentaux. Je me suis planté. Et pas seulement de virgule. Je suis à 843 milles de Cape Cod et 2 300 milles de la Bretagne, en ligne droite. Alors qu'en réel, on ne peut pas dire que je fasse du tout droit. Je ne vais pas non plus faire plus de 100 milles par jour tous les jours. J'ai en plus la désagréable impression de ne plus être dans le Gulf Stream. Bref, ça sent plutôt septembre. Je sens ma famille plus loin que jamais. Mine de rien, Monique me manque aussi à bord. Paulette est de bonne compagnie mais ce n'est pas comparable au réconfort que ma petite Momo m'apportait à bord d'*Yvinec*. On a vécu des trucs de fou, tous les deux. Peut-être que les dauphins ont perçu mon petit coup de moins bien. J'étais à l'intérieur, j'ai senti une présence à l'extérieur. Ils étaient quarante !

Jour 27

On croit être tout seul et puis voilà, soudain un grand « boam ! », oui plutôt « boam » que « boom ». Une baleine ? Un tronc d'arbre ? Ce ne serait pas plutôt Paulette ou un de ses enfants qui aurait tapé le safran ? Je ne sais ce que Paulette fait de sa progéniture, mais parfois tout le monde disparaît. Je me sens abandonné, je suis triste. Et hop ! une heure après, réapparition. Et là, confirmation : le dos de Paulette n'est pas indemne. Est-ce qu'elle s'est abîmée sur le safran ? Est-ce qu'un thon l'a attaqué ? C'est peut-être lui qui a tapé en essayant de la croquer. C'est une guerrière, ma Paulette, elle va survivre. Je ne me lasse pas de les regarder. Elles partent chasser sous les sargasses où se cachent des petits poissons, de la friture sans huile, et quand elles en chopent un, elles sautent, comme si elles exprimaient leur joie. Elles aiment ma compagnie.

On croit être tout seul (*bis*) et puis un bruit de machinerie grandit et finit par trahir un gigantesque porte-containers, de 200 ou 300 m. Ils doivent bosser avec un casque, là-dessus, tellement c'est assourdissant. Combien de chevaux, combien de moteur, combien de gas-oil ? Un immeuble mobile. Peut-être que les daurades ont autant été impressionnées par moi que moi, par le porte-containers. On est à la fois minuscule et majuscule. D'ailleurs, j'ai croisé trois cargos ces dernières heures. Quand je les ai appelés à la VHF, ils n'ont pas dû comprendre d'où venait la voix. Ils m'ont tous les trois affirmés que j'étais invisible, autant à l'œil nu qu'au radar. Et la mer est pourtant plate. Et le temps est au beau fixe. On est tous, à un moment ou un autre, en passe de se faire dévorer par plus gros que soi. Heureusement, les dorades craignent l'homme. Heureusement, mon AIS a l'air de tenir, même s'il montre des signes de faiblesse. Il faut qu'il tienne absolument.

Jour 28

Ça fait huit jours que je me suis retourné. J'en suis encore à essayer de remettre d'équerre ce qui est parti de travers. J'ai bien rebondi. « Résilience », dit le mot à la mode. La priorité, c'est l'énergie du bord. Côté batteries principales, je dois encore assécher le fond du compartiment où elles sont logées. Côté chargeur portable, je me fais un gros flip. C'est mon dernier recours pour charger ma VHF portable. Un mauvais contact peut-être. Patron à bord, ce n'est pas seulement endosser une casquette fictive de capitaine : il faut aussi enfiler la salopette du plombier, de l'électronicien, du mécano, du je-ne-sais-quoi encore, s'improviser multifonctions. Si je ne résous pas ce (nouveau) problème, je vais perdre l'usage de la VHF, et je regarderai passer les rares bateaux sans pouvoir échanger un mot. Ce serait la merde. Je ne veux plus laisser mes proches dans le flou. Ils ont eu leur lot. Moyenne : 34 milles par jour. Si en plus, l'AIS déconne de plus en plus, je risque de ne plus être repéré de tout l'été… Plus jamais. Je me fais la promesse de ne plus jamais repartir à la rame. Sans moi, le Pacifique. L'Atlantique double face, c'est déjà bien. Vive la voile ! Vive les vrais bateaux ! En plus, je couve un truc qui ressemble à une otite. Pour me distraire, j'ouvre un *Voiles et Voiliers* que m'a filé ma mère. Je n'arrive à rien lire d'autre. Sacrée évasion : un article relate le destin d'un jeune de trente-trois ans qui a essayé de traverser l'Atlantique sur un voilier microscopique en partant de Chatham, comme moi. Personne ne l'a jamais revu. Sympa…

Jour 29

J'ai passé la barre des 1 000 milles mais la tendance est en train de tourner. Le temps se rafraîchit, j'ai 25 nœuds de vent de travers, je progresse difficilement. J'espère sincèrement ne pas revivre l'enfer du début.

C'est relou. J'ai croisé un bateau. Il est à 6 ou 8 milles nautiques de ma position. Je tente de l'appeler mais ma VHF ne porte pas assez. J'aurais aimé envoyer un message à la terre.

Je rumine. Les patates reviennent trop souvent au menu de mon étoilé lyophal, l'eau du dessal est tellement dégueu que j'en ai mal au crâne, l'AIS ne se remet pas en marche malgré tous mes bidouillages, le briquet ne va pas tenir la distance, et toutes les allumettes ont disparu dans le semi-naufrage. Je reprends les rames. Je m'impose un objectif « Si tu veux dîner ce soir, tu dois voir le soleil se coucher en ramant, sinon tu ne mangeras rien. » J'étais explosé, j'avais froid, j'avais faim ; un grain m'a lessivé, j'ai tenu.

5.
NAVIGATION À L'ANCIENNE

Jour 30

Je m'extirpe d'un drôle d'espace temporel. Depuis huit jours, je n'ai pas échangé avec un humain. Et voilà que se dessine, inattendu, un nouveau bateau. Sa coque sombre se confond avec le brouillard. C'est un porte-containers. Je l'appelle à la VHF. Pas de réponse. Il est en route de collision avec moi. Je rame fort, très fort, pour ne pas rester sur sa route. Il peut ne pas me voir. Il se peut qu'il n'y ait personne à la passerelle. Finalement, hasard de sa destination, c'est lui qui bifurque légèrement tout en se rapprochant. Il se nomme le *MV Polar Costa*. Je l'appelle à nouveau à la VHF. « *Can you see me ?* » Il me répond par un long et lugubre feulement de sa corne de brume. La conversation s'engage. L'anglais des hommes de veille est parfois erratique. Là, c'est du clair et net, du cinq sur cinq. Ils me proposent de me prendre à leur bord, canot inclus. Du "all inclusive". Ce serait le plus simple. Dans cinq ou six jours, ajoutent-ils, Brest sera juste sur leur tribord. Je résiste à la tentation et décline donc l'offre du siècle. Ils prennent une photo qu'ils enverront à Alice. C'est le process le plus simple pour passer le message, je leur épelle son email en alphabet international : Alpha-Lima-India-Charly-Echo...

Éric Tabarly, en son temps, celui de la Transat 1976, était sorti d'une brume pour se faire un nom. C'était le temps de l'évocation, du rêve, de quelques mots qui suffisaient pour se dessiner un tableau. C'est rare, aujourd'hui, de pouvoir sortir du néant. J'y étais. C'était un privilège. Je n'étais pas condamné à la parole. J'étais bien seul avec moi-même. L'isolement est propice à l'introspection. Je n'avais pour contraintes que celles imposées par les éléments. Dans la vraie vie, je ne cesse de me battre avec le temps, avec les horaires, avec le retard, avec l'avance... surtout le retard. Seul quelque part sur les eaux, j'ai le temps pour réfléchir à moi, sans interactions, sans interruptions. J'ai bientôt trente ans. Qu'ai-je fait de mon premier bout de vie ? Que fais-je des deux tiers qui restent ? Un enfant m'attend. Que vais-je lui proposer ? Je vais m'engager en course, tenter le Vendée Globe. Que ne ferais-je mieux d'affréter un bateau familial et d'arpenter l'Arctique qui m'aimante tant. Dans trente jours, quarante jours, cinquante jours, soixante jours, je vais remettre une carte Sim dans mon téléphone et le temps va à nouveau s'accélérer... Non, plutôt soixante. Je suis au tiers du parcours. En plus, va falloir viser juste pour pas se déporter chez les Anglais ou les Espagnols.

Allô ! la terre ? Le *MV Polar Costa* relaye mon message : « Monsieur Soudée semble avoir un gros moral et entend plus que jamais terminer ce qu'il a entrepris. Il a refusé notre assistance. » Ils ont bien compris.

Jour 31

Trois nœuds de courant me tirent au sud. La route vers la Bretagne ne fait que se rallonger. Je préfère me changer les idées en m'occupant de ce qui ne tourne pas rond à bord. De toute façon, ce n'est qu'un cumul de problèmes.

C'est comme si les plombs sautaient les uns après les autres... Comme à l'aller, me voilà privé de musique... Mon optimisme en prend un petit coup. Je vis quand même une expérience bien compliquée, entravée par des tas de soucis. C'est qui le mec qui me rajoute des gages toutes les heures ? J'espère vraiment avoir les éléments avec moi sur la fin, je le mérite, j'ai assez payé. Mes efforts ne sont pas assez récompensés. Le briquet commence vraiment à m'inquiéter, l'idée de manger du lyophilisé froid ne m'enchante pas du tout. La nourriture, c'est sacré à bord de *Romane*.

Si encore je filais sud. Je vais devoir remonter nord, ça va cailler, je vais avoir besoin d'énergie, de bouffe chaude...

Jour 32

Et Guirec pompa, pompa, pompa. J'ai fait de l'eau plusieurs heures. Bilan : huit litres. J'ai mis la dose, je suis tranquille pour plusieurs jours. Ce n'est pas le lavage de dents qui va me mener à la pénurie. Je suis quasi en rupture de dentifrice. Même ma brosse à dents est cassée, il ne me reste plus que la tête. J'économise le dentifrice, je ne me brosse les dents qu'une fois tous les deux jours, et j'évite au maximum les pâtes de fruits. Le reste, je m'en fous, mais ça… Je me sens sale. Je donnerais beaucoup pour choper un tube tombé miraculeusement d'un bateau ou du ciel. C'est tentant de se laisser approvisionner par un cargo. Faut juste mesurer le choc dimensionnel entre lui et moi. C'est un immeuble en dur *versus* une niche à chien en bois. Il peut me pulvériser. Il peut aussi, en moins pire mais en rédhibitoire, briser mon poste de rame. Finir en ramant façon canoë, je ne le sens pas… Pourtant je veux bien le payer cher, le dentifrice. On mesure vite ce qui vous manque vraiment.

C'est vraiment un drôle de voyage intérieur. Les hauts et les bas sont exacerbés. C'est une oscillation quasi permanente. Le dentifrice me manque jusqu'à l'obsession. Et puis, un instant plus tard, une bouchée parfaite de hachis parmentier, alors qu'apparaissent des dauphins dans le soleil couchant, transporte l'essentiel ailleurs. J'ai la chance d'être là, dans le sublime, dans le rare ; et puis je voudrais déjà être sur mon futur bateau, car ce sera un milliard de fois mieux de voguer avec le vent que de tirer comme un abruti sur des avirons alors que le canot, attiré par les courants, veut aller ailleurs... Parfois je me sens naufragé, soumis, à la dérive, maître de rien et surtout pas de moi. Mais je ne renoncerai pas.

Jour 33

Toujours cette oscillation des sentiments. Un énorme calamar orangé, indifférent à ma présence, qui nage en surface : je suis en haut. Un mauvais goût récurrent de ma flotte, j'ouvre ma gourde, je mate le bouchon, il est infecté par du moisi, l'eau et le citron que j'ajoute datent seulement d'hier : je suis en bas. Mes sentiments épousent le mouvement des vagues. En haut, en bas. En haut, en bas. Je surfe.

Jour 34

Il est insistant, ce putain de courant. Il veut m'emmener au sud. Mes petits bras ne seront jamais assez gros si le courant et le vent n'y mettent pas du leur. Je me fais un flip. Et si j'étais renvoyé à Saint-Barth ? Ha ! ha ! Non, en vrai, ce n'est pas marrant. Je me vois appelant Newt : « Bon, écoute, tout va bien, je suis à terre, mais pas vraiment où tu crois... » C'est dur de subir sans vrais instruments de bord. J'essaye d'estimer ma position sur la carte des courants. Je suis peut-être bien dans une espèce de virgule à l'envers qui me pousse vers le nord d'abord, vers l'est ensuite. Ou peut-être pas. Ce serait trop facile si le Gulf Stream allait tout droit. C'est plutôt un enchaînement de spirales géantes, tu dois amorcer la sortie avant que la centrifugeuse ne te recrache dans le sens inverse.

Jour 35

Ce n'est pas la rose des vents, c'est la roue de l'infortune. Et le mec qui la fait tourner, avec son pote qui s'occupe des courants (faudrait que je révise la liste des dieux grecs), s'amuse à la relancer sans cesse. Il ne pourrait pas aller dormir, non ! Le matin, impec, enfin un bon vent d'ouest, pile-poil dans l'axe, ce qui donne d'excellentes moyennes à 3 nœuds. Le midi, cata, le vent bifurque au nord, et le courant pousse au sud, cap 145° vers le cap Vert. En plus, comme je ne reçois pas de météo, comme je ne peux pas parler avec Maurice, j'ignore comment tout va tourner les heures d'après. Je fais ce que je peux pour compenser, rames en mains. J'ai le dos coincé, j'ai les mains en charpie, j'ai les genoux douloureux. Je ne suis pas aidé. J'hésite à faire escale à Flores qui est à 480 milles plein est. Il paraît que le port est fermé depuis le méga cyclone d'il y a deux ans. Ça m'avait marqué parce que, en rentrant de mon tour du monde par les pôles avec Monique, on avait fait escale in extremis à Flores et on s'était pris un cyclone aussi. Les habitants, les pêcheurs et le pilote de port nous avaient été d'une grande aide pour amarrer *Yvinec* au centre du bassin, dans une toile d'araignée, pour ne pas qu'il se fracasse contre le quai. Il y avait eu des creux de vingt mètres dehors et le vent avait soufflé comme jamais. Que de souvenirs !

C'est tellement le bordel, à bord, qu'un check-up serait peut-être intelligent. C'est l'AIS qui m'embête le plus, j'ai trop peur de me faire défoncer par un cargo aveugle. Mais si je m'arrête, je le sais, je vais vouloir réparer, qui dit réparer, dit commander des pièces, qui mettent dix ans à arriver, autant de temps à perdre toute motivation à repartir et, surtout, un temps précieux qui est compté pour arriver en Bretagne avant que les dépressions ne me fassent louper ma cible !

Jour 36

C'était une journée où il était bien que je ne sois qu'avec moi-même : j'ai beaucoup râlé. Il y a toujours des prétextes à la râlerie. C'est répétitif. Il faut bien passer ses nerfs sur quelque chose. C'est long. Deux milles par heure. Ça donne l'impression d'un sur-place éternel. Aucun point de repère visuel pour mesurer l'avancement. Et soudain, dans la nuit, un bruit assourdissant, une accélération aussi. Un avion dans le ciel, lumières clignotantes. Combien de milles à l'heure pour lui ? Il ne resterait pas une petite place à bord, même un strapontin ?

Jour 37

C'est mercredi, c'est coiffeur. À l'aller, j'ai tenté le style iroquois, puis le style bagnard. Là, on va être plus classique – à condition que ma tondeuse ne tombe pas en panne avant la fin de la coupe. C'est quand même dingue que ce qui marche le mieux à bord soit ma tondeuse électrique ! Ce n'est pas si évident. Je taille, je coupe, j'élimine. Ce n'est pas parfait, des épis rebiquent. D'ici l'arrivée, ça devrait s'égaliser. Je dégage aussi ma barbe. C'est bon de se sentir allégé.

C'est mercredi, c'est douche. C'est un peu crado, le bateau. C'est moite, humide, salé. J'aimerais tellement me glisser sous une douche, fermer les yeux, laisser l'eau couler, me récurer, me sentir tout frais. Mon luxe, c'est de pouvoir, pour la première fois, me savonner, debout, à poil, à l'eau de mer, puis de me rincer, avec un litre d'eau pas salée... Me glisser dans un tee-shirt propre me semble complètement utopique. En échange, j'enfile un sweat plein de sel, ça gratte mais au moins celui-là ne sent pas le moisi.

Jour 38

Quand j'en ai marre, je pars faire un tour. Enfin... je me lève. Et je marche ! Sur place, ha ! ha ! Un petit quart d'heure. En même temps je m'étire. Je m'entretiens. J'ai retenu la leçon de la traversée aller. J'étais arrivé chancelant, j'avais souffert pour récupérer mes muscles des chevilles. On aurait dit un vieux plein d'arthrose. J'avais quand même mis six semaines avant de pouvoir courir sans avoir l'air handicapé, une sensation vraiment flippante.

Tout autour, des méduses bleues en forme de ballon m'accompagnent. J'ai envie de jouer avec elle, de faire comme avec le papier bulle qui entoure les colis fragiles, de les éclater. Je me raisonne : d'une, elles sont peut-être mortelles, style galère portugaise, et de deux, elles n'ont rien demandé. D'ailleurs, elles existent pour une bonne raison : j'ai entendu dire qu'il y en avait de plus en plus à cause de la pollution, il se pourrait qu'elles jouent un rôle pour nettoyer la mer des toxines qu'on balance.

Jour 39

Je navigue à l'ancienne. Sans météo. Je lève le nez, je scrute le ciel, j'interprète. Le soleil et les étoiles sont des panneaux indicateurs. Le vent est portant, le courant tire vers l'est, ce n'est pas si mal. Je m'estime à mi-parcours si on compte en milles, de continent à continent, en ligne droite. Je bascule du bon côté.

Alors que je me perds dans mes estimations, le *Maersk Batur* pointe son étrave à l'horizon, un porte-containers immatriculé à Singapour qui mesure vingt-cinq fois la longueur de mon canot. Il me double, il ne m'a pas vu. J'échange avec le capitaine Latigar, il pense que je suis un voilier. Personne ne s'imagine qu'un être humain puisse être assez fou pour être ici sur un rafiot à rame. Le cap'tain transmettra quelques mots à Alice. « Nous venons de croiser votre bon ami Guirec à la position 40° 49,8' N – 038° 17,7' W. Il veut vous transmettre ses salutations et vous dire qu'il va bien et qu'il arrivera en France début septembre. » J'aurais besoin de météo. Ils sont de peu d'aide. Ils avancent au moteur, ne se préoccupent que peu de la météo au-delà de trois jours. Ils peuvent difficilement assouvir mes attentes. Tant pis. *See you, sea you*. Je retourne dans mon monde.

La lune orangée est énorme et se reflète sur la surface de mon océan. Merci la nature, moi qui étais déçu un peu plus tôt qu'une bande de nuages à l'horizon me gâche mon coucher de soleil. Des moments précieux.

Jour 40

La nature se lit. Le vent d'ouest est tombé, quasiment à zéro. Ça n'aide pas à engranger les milles. Le ciel est bas, au moins je ne souffre pas de la chaleur. Des grains s'abattent à tribord et à bâbord, pas sur moi. C'est le prélude de quelque chose. La pression va se relâcher à un moment ou à un autre. Ça ne sent pas bon. On passe un méridien, on gagne une heure de jetlag avec la France aujourd'hui, et ça, j'aime. Je refais mes calculs, si je fais 35 milles de moyenne par jour, j'arrive le

4 septembre. Quatre-vingts jours de traversée, ce serait nickel. Ouh ! là, la ! stop, Guigui ! pas de plan sur la comète, tu sais la chance que tu as avec les éléments, dernièrement… Restons quand même positifs.

6.

LA RECULADA

Jour 41

Il est là, sur ma gauche, avec ses grandes dents, sa gueule ouverte prête à becqueter, avec son corps plein d'écailles et sa queue. Un crocodile. Si, si, un crocodile. La couleur déconne, c'est vrai. Il est tout blanc… Un crocodile blanc, en plein Atlantique nord. Qu'est-ce qu'il fout là ?

C'est un croco en coton, c'est un nuage, ha ! ha ! Je m'amuse beaucoup à observer les cumulonimbus et leurs copains. Faut bien se distraire. Paulette n'est pas revenue de sa dernière partie de pêche. Où peut-elle bien être ?

C'est beau, de s'envoler dans les nuages. Si je ne verse que dans le rationnel, je vais me jeter à l'eau. Les chiffres, ça peut être brutal. J'ai ramé comme un damné et je n'ai avancé que de 24 milles. Dix de moins que la veille, qui était déjà sous la moyenne. Hormis le pataquès du début, c'est ma pire journée. Je suis dégoûté. Je me suis focalisé sur une arrivée le 4 septembre, style rentrée scolaire, mais il va falloir leur dire que je vais être en retard. Comme d'hab.

J'ai aussi vu deux espèces de globicéphales géants – des baleines globi, plutôt. Je n'ai jamais rien vu de si étrange. J'ai senti une présence derrière moi (je vous rappelle que je rame dos à la proue), je me retourne, et j'ai failli leur rentrer dedans. Elles ont complètement sorti leurs têtes toutes rondes de l'eau, elles se sont placées dans mon sillage, et m'ont regardé avec insistance. J'ai arrêté de ramer, je me suis même précipité à fermer les écoutilles au cas où l'envie de venir danser la salsa avec *Romane* les aurait tentées. J'ai filmé, c'était ouf ! Elles m'ont suivi peut-être plusieurs heures. Ensuite, je les ai perdues de vue, mais j'ai continué à les entendre. Elles poussaient de drôles de cris, inconnus à mes oreilles. Je ne suis pas spécialiste, je n'ai pas réussi à les identifier clairement. Si ça se trouve, c'est une espèce rarissime qui vit dans les abysses. Elles étaient préhistoriques, rien à voir avec les mini-globis qui se déplacent en groupe.

Jour 42

C'est la *reculada* : moins 8 milles durant la nuit. Je paye cher mes heures de sommeil. Peut-être que je vais devoir passer par le Pacifique pour rentrer en Bretagne. Vingt milles de rame, moins 8 milles décaissés nuitamment, égale 12 milles dans le bon sens. Car en plus, j'étais à sec d'eau, mais j'en ai tellement marre de pomper que je suis resté assoiffé.

Je sais que ce n'est pas bon. Je le sens, je ne bois pas à ma soif. C'est dur. Je pomperai demain. Dommage que je n'aie pas une machine à presser les oranges. Je rêve d'un jus d'agrumes bien frappé. Je commence à avoir des envies irrépressibles. Même simplement un verre de bonne eau. Parfois, on se sent loin de tout et bien seul. J'ai croisé une tortue, elle a fait sa snob, j'ai eu beau crier, gesticuler, siffler, elle est restée dans son monde. J'ai croisé, de loin, des requins, ils sont restés au large, occupés à chasser. Je n'arrête pas de me pencher sur le dossier électronique. C'est un domaine où il ne faut pas trop chercher à comprendre. Il faut démonter, nettoyer, remonter, prier. Je me suis fait les deux panneaux solaires. Ça urge. Les batteries sont à plat de chez plat. Il y a juste le petit panneau solaire USB qui fournit un peu d'énergie, mais ça met un temps fou et il ne faut pas un nuage dans le ciel. Un temps, je pouvais charger le téléphone via l'allume-cigare, c'est terminé de terminé. La nuit, dans le brouillard, sans feu pour être vu des passerelles et sans AIS, j'improvise. J'appelle à la VHF toutes les vingt minutes pour m'assurer qu'aucun cargo n'est sur le point de me passer dessus. Quand la charge ne tient pas, je me retrouve comme un vaisseau fantôme. Ça peut être chaud.

Jour 43

J'aimerais savoir si le Covid a disparu de la terre. Je me fais des films. Parfois c'est l'horreur. Voilà le pitch : j'arrive dans ma si belle Bretagne, tout le monde est en combinaison blanche, je ne reconnais personne, je n'ai le droit de m'approcher de personne, on me dit que c'est mieux que je reparte, je refuse, on m'emmaillote dans une combinaison. On vit des trucs tellement inimaginables, ces deux dernières années, que tout est possible. Je préfère ne rien demander sur le Covid. Au moins, de ce côté-là, j'aurai gagné deux à trois mois de vacances.

Jour 44

C'était décidé : à 13 heures, au plus chaud de la journée, je plongeais sous la coque pour la nettoyer et améliorer la glisse. L'antifouling fait bien son job, rien à voir avec les dreadlocks de l'aller, mais quelques algues coriaces ont quand même réussi à pousser. À midi, après une paire d'heures à ramer, je me suis mis en position debout pour me détendre, et que vois-je, du haut de ma position vigie ? un requin blanc. Un truc de malade. Quatre à cinq mètres de long, avec l'aileron réglementaire et la bonne tête de squale des grands jours… Je suis monté sur un des panneaux solaires pour mieux profiter du spectacle. Quel con ! D'accord la houle était modérée, n'empêche que ce n'était surtout pas le moment de tomber à la baille. C'est fascinant, quand même, la visite privée d'un squale. Entre la répulsion et l'attirance. J'ai poussé un cri chelou pour qu'il s'intéresse à moi. En vain. J'étais assez dégoûté. J'aurais aimé qu'il revienne, que je puisse faire de belles images de lui. La bête s'est éloignée. J'ai pourtant décidé de ne pas plonger… Le requin ne s'est pas éternisé, pas de quoi se plaindre, j'ai été verni en visites, ce qui m'a bien occupé, à défaut d'avancer vite (28 milles seulement). En revanche, pas un bateau, pas un avion. Comme si j'étais en manque d'humanité, j'ai eu envie de voir des visages. J'ai ressorti mon téléphone pour regarder mes photos et vidéos. Là, avec les gamins au Groenland. Ils m'ont à nouveau fait marrer. Une petite piqûre de rappel d'un passé sympa, ça fait toujours du bien. Je remarque que je filme plus facilement les bons moments que les mauvais. J'ai tendance à vite refouler les galères. Pourtant, je morfle et j'ai bien morflé. L'hivernage, l'autarcie dans la banquise. Le passage du Nord-Ouest sans pilote automatique, c'était du solide.

Je vais avoir un enfant. Oui, je vais être papa. C'est énorme. J'ai envie de protéger Newt. J'ai envie de savoir si ce sera un garçon ou une fille. J'ai surtout envie de savoir si tout va bien avec ce que je lui fais subir.

Jour 45

Il paraît que l'homme peut tenir des jours sans manger. Et beaucoup moins sans boire. Ma flotte est infâme. Je me force. Je rajoute quelques gouttes d'une espèce de produit dedans supposé la rendre à peu près agréable. Goût pêche. Ça reste infect. Ça sent le moisi et ça se voit sur le bouchon. Je dis :

« allez, bois, fais un effort, c'est pas de l'urine ou de l'eau salée, relativise », ça me débecte, je bois au minimum alors qu'il faudrait, au contraire, que j'enquille les litres. Je regarde l'horizon comme une espérance. Et si un voilier avec des gens sympas dessus croisait ma route ? Il pourrait me ravitailler sans risques en eau, en dentifrice, en briquet. Il n'y a plus l'eau, l'électricité et le gaz à tous les étages. Je m'étais prévu des petits plaisirs de table aujourd'hui : œufs brouillés et muesli au petit dej, poulet curry et carbonara, à midi, accompagnés d'un fondant au chocolat – le tout en terrasse, bien sûr. Je dois ménager mon briquet, alors tout ne sera pas chauffé. Il faut apprendre à vivre avec les restrictions.

Et là, au moment de l'addition, deux baleines jaillissent au loin. De tout leur corps, en l'air, des sauts périlleux époustouflants. Des créatures énormes, j'essaie d'imaginer la force déployée pour déplacer autant d'eau d'un coup. C'est féerique. Merci la vie !

Jour 46

Youhou ! Ça commence à défiler, les milles. Les vents et les courants sont mes alliés du jour, des jours prochains, j'espère. Le rythme s'accélère enfin. C'est du 50 à 60 milles par jour, dans des conditions musclées. J'ai remis la salopette, je suis actif, au combat. Je ressens le plaisir. Du coup, je recommence à penser à l'atterrissage. Sans météo, sans com', c'est chaud. Si je suis dans le pourri au milieu des cailloux d'Ouessant, sans bateau protecteur, ça peut être rock and roll, et parfois le rock and roll, c'est fatal. J'ai une solution de secours, dans le pire du pire des cas : déclencher la balise de détresse pour qu'on me récupère avant l'impact, si tant est que cette balise marche vraiment. Ce n'est pas trop dans l'esprit, parce qu'il faut éviter de déclencher une mission de sauvetage. Je voudrais juste prévenir que j'arrive. Mais comment je peux faire si je ne croise aucun bateau avant d'arriver dans le ressac ? Je pète mon bateau à coup sûr. Ça reste une solution de secours qui me tranquillise. Une autre solution est de ne pas insister et de viser plus *safe*, direction Bretagne sud.

Jour 48

Nuit et brouillard : ce n'est pas la bonne combinaison pour naviguer serein. Je les sens, je les entends parfois, je les crains, ces cargos invisibles qui m'entourent. Ils ne s'en apercevraient même pas, personne ne saurait que je me suis fait broyer. Disparu corps et âme. Un brouillard gris m'entoure... La nuit, je ne peux me laisser emporter par le sommeil. Toutes les vingt minutes je me réveille, je m'extirpe de mon réduit, et je fais un tour visuel à trois cent soixante degrés. Je scrute, j'écoute. Visibilité maximum : quatre cents mètres. C'est une demi-heure de rame pour moi ; c'est dix secondes pour eux. Un porte-containers, c'est souvent 300 m de long, des hélices de 9 m de diamètre. Ce n'est pas la même échelle mais on est sur le même terrain. Je préfère la compagnie des calamars et des dauphins. Ça fait pourtant deux semaines que je n'en ai croisé aucun. C'est le paradoxe. J'ai peur de les voir autour de moi, et je voudrais tant pouvoir entrer en communication avec eux pour faire passer un message à la terre. Ils n'ont pas eu de nouvelles depuis dix jours.

Jour 50

J'ai dépassé la longitude de Flores depuis plus d'une journée. Je suis à environ 250 milles au nord-nord-est. Donc je n'ai plus à lutter avec la petite tentation d'y faire une escale. Je vais terminer avec ce que j'ai et ce que je n'ai pas. L'adaptation est le maître mot. Côté eau, je devrais pomper mais le vent de nord-ouest rentre, environ 40 nœuds, et la houle se dresse, et si je me retourne au moment où je pompe, si tout retombe sur moi, je risque de casser mon dessal. En plus, je dois garder le hublot ouvert pour passer les tuyaux de captage et de rejet, donc il faut vraiment faire gaffe. Je prends toujours grand soin de cette pompe, c'est l'élément vital par excellence. Je la range toujours avec précaution dans son emballage en polystyrène. Sans eau, ce serait la fin du voyage. Je réfléchis aussi au choix du lyophilisé quand j'ai moins d'eau à disposition et que je ne compte pas pomper. Par exemple, je me fais des carbonara, c'est faiblement consommateur d'eau, pas plus de 30 cl. Je renonce au crumble aux pommes qui me faisait envie. Je dois faire attention à mes réserves. Pour chauffer l'eau, pas facile non plus, j'ai le doigt sur la molette de gaz, j'adopte ma méthode bannette/bout de bras, prêt à tout couper si quelque chose se passe mal. Il ne faudrait pas que *Romane* prenne feu. Côté cap, même problématique. Rien d'idéal. Je suis au 110 alors que je vise du 75 pour caper vers la Bretagne. Bien sûr, je peux essayer de rectifier la direction, j'incline le gouvernail, je descends la dérive de l'eau, et ainsi je peux avancer en crabe. Sur le papier, ça fonctionne ; sur l'eau, ça demande beaucoup d'énergie, et si les vents et les courants sont vraiment trop forts, ce n'est en vérité pas très efficace. Plus les conditions météo sont difficiles, plus les petites contrariétés s'accumulent. J'ai bientôt six mètres de creux, parfois plus ; dans ces conditions, impossible, et dangereux, de ramer. Et comme je ne veux pas revivre le semi-naufrage du début du mois de juillet, je ferme bien tout, et du coup, j'étouffe, j'ai trop chaud. À un moment, par mon globe vitré du roof, j'ai eu l'impression d'apercevoir deux mâts.

Angoisse, ce n'est pas le moment de surfer vers un voilier. Aussitôt, je suis sorti en refermant vite fait le capot derrière moi : rien ! Un mirage en plein désert aquatique. Bien sûr, en rentrant, je n'ai pas été assez rapide, une vague a déferlé, et a tout trempé l'intérieur. Parfois il faut vraiment prendre sur soi. C'est toujours la même histoire : il faut tenir en cherchant les raisons de positiver. Mais là, je ne sais rien, je ne sais pas si c'est le début d'une tempête plus grosse, si ça va grossir encore, si ça va tomber. Je mets mon casque. Ce n'est pas le moment de m'assommer. Je pense à la centaine de dauphins d'il y a deux jours – oui, une centaine – qui sautaient en tous sens. Où pourrais-je profiter d'un tel bonheur ? Trop stylé.

Jour 51

C'est bon, ça. Moins de 1 000 milles d'Ouessant. Je préserve mon énergie mais de temps en temps, j'allume mon téléphone pour regarder ma carte Navionics, celle qui marche hors ligne, qui me permet de savoir très exactement où je suis. Il va falloir commencer à viser juste. Je suis plus près de l'Irlande, 900 milles, ou de l'Espagne, 830 milles, sauf que ce ne sont pas mes destinations privilégiées. Petit détail pratique : je n'ai même pas la carto de l'Irlande, c'est chaud. L'atterrissage me préoccupe. Je ne peux prévenir personne. Il se passe quoi, où que ce soit, si je déboule dans la tempête au milieu des caillasses et des courants ? Je regarde l'annuaire des marées. Plus ça avance en septembre, plus les coefficients montent, à plus de 100, c'est top pour les ormeaux, moins bien pour les coquilles de noix à la dérive. L'idéal serait d'arriver tout début septembre et comme ça, je pourrais aussi aller aux ormeaux. L'option de déclencher ma balise me préoccupe. Je tiens trop à mon rameur. L'idéal, ce serait vraiment de croiser des pêcheurs avant la fin. Je ne suis pas encore dans l'urgence.

On verra bien. L'essentiel est de se rapprocher. Ça va le faire – une de mes nombreuses devises. Mais je ne suis pas rendu.

Jour 52

C'est encore un jour sans fin... Le même jour qui semble se répéter tous les jours. J'essaye donc de caper vers la Bretagne mais l'Espagne tente de m'attirer dans ses filets. Quand je rame, j'arrive à faire un cap à 79°, quand je me repose c'est du 110°, ce qui aggrave la situation. En plus, ramer « de travers » implique encore et toujours un effort considérable. Je force plus d'un côté, ici le gauche, et ma main en subit les conséquences. Ainsi que mes muscles et mon dos. Je me donne à fond pour un malheureux 1,8 mille par heure. Pour me projeter, je ne peux pas compter sur les bateaux. Je n'en croise plus, et pratiquement à chaque fois, la météo qu'ils me donnent, dans un anglais pas toujours facile à comprendre, ne correspond pas. Alors il ne reste que moi et mes sens. Je lève le nez et j'observe. Ce n'est pas un art facile que deviner le temps en lisant les nuages, je n'ai pas bon à tous les coups. Je suis au centre de plein d'éléments, d'informations, je les intègre et les interprète. C'est fou comme un calme peut annoncer une tempête. C'est fou comme assez subitement un paysage peut changer. J'ai envie d'une météo stable, pas trop forte, maniable. Je ne veux plus de déferlantes. Je suis hyperdépendant.

J'ai aussi envie de compagnie. J'ai une photo de Newt, sur une plage de Saint-Barth, collée dans ma cabine. Il y a un an, pile-poil, on naviguait sur *Yvinec* avec Bosco vers Saint-Malo, tranquille, style croisière familiale. Une petite bouffée de nostalgie me traverse : j'étais quand même mieux avec ma petite Newt sur mon voilier qu'ici, seul et trempé, sur mon rafiot.

Ma compagnie, c'est les animaux. Ils ne m'offrent jamais le même spectacle. Les oiseaux qui font comme du parapente, qui jouent avec les courants ascendants créés par les vagues, c'est gracieux, je ne m'en lasse pas. Ils se mettent travers au vent, ils soulèvent un bout d'aile et pffff-fioouuu ! ils longent la houle, ils kiffent leur life. J'ai eu surtout le droit, en spectateur unique, à une nouveauté. J'ai aperçu un truc indéfini sortir de l'eau, une sorte d'aileron. J'ai pensé que c'était un oiseau posé. Ce n'était pas clair. Je me suis arrêté de ramer, je me suis levé. C'était bien un aileron. Pas celui d'un requin ou d'un dauphin. Et tout d'un coup, whouaaaah ! une orque, oui, une orque est sortie de l'eau, entièrement. Ensuite elle a disparu. J'étais partagé entre le bonheur d'un moment unique et, après coup, la crainte. Une orque, ce n'est pas une sardine. L'été dernier, j'ai entendu parler d'attaque d'orques sur des bateaux de croisière, style catamaran de 40 pieds, safran cassé et grosse frayeur. *Romane* ne fait pas le poids. Je me demande si c'était dans le même secteur, parce que c'était au large du Portugal, si je me souviens bien de l'article.

Je suis bavard avec moi-même, aujourd'hui.

J'ai tellement envie de compagnie que j'ai encore mal vu. Un cargo s'approchait de moi. J'étais trop content, trop excité. Il était à 10 milles, trop loin pour que je l'appelle par VHF. J'ai donc attendu qu'il se rapproche. Un quart d'heure plus tard, il n'avait pas vraiment grossi. Je me suis dit qu'il n'allait pas bien vite. Un quart d'heure de plus, même situation. J'ai fini par piger qu'en fait il s'éloignait. Encore perdu... Je suis seul. En soi, je m'en fiche, je suis là pour ça. Ce n'est pas pour moi, c'est pour eux.

Dans tout ça, c'est fou comme la nourriture prend de l'importance. Le moral est au fond de la gamelle, qu'ils disent dans les films de guerre. Pas faux. Il est dans une purée pomme de terre et jambon. Il est dans un fondant, même froid, économie, que je savoure, doucement, cuillère après cuillère, les yeux fermés. Le moral est au bout de la cuillère. Le matin, à l'heure du « brunch », j'en suis à chercher les miettes, je reprendrais bien une deuxième ration, sauf que je dois avoir soixante-dix jours de réserve en petits déj et que si je commence à faire double ration, je vais vite manquer. Alors je récure à fond. C'est raide d'entamer la journée en ayant la dalle. Ça veut aussi dire que je puise bien au fond de moi-même, que je me donne, que je fais le nécessaire, que je peux être fier de moi.

Jour 53

L'horreur. Je ne fais pas la guerre, les mots ont un sens, n'empêche que j'emploie le mot. L'horreur. Cette journée a duré des journées. Interminable. J'ai tourné en rond, façon de parler… Étendu dans moins de deux mètres carrés, sans pouvoir se lever, à peine s'asseoir. J'ai re-regardé mes photos de famille, avec mes neveux et nièces, l'été dernier à Yvinec – et que je vais donc manquer cette année. J'ai ré-rééécouté les podcasts que Newt avait téléchargés sur mon téléphone, je vais bientôt être capable de les réciter par cœur, tellement je les ai entendus. Je ne suis pas fait pour l'ennui. Il faut de l'action, il faut que ça avance. Je n'ai pas pu sortir à l'extérieur. Prisonnier de mon bateau. Trente-six heures ininterrompues durant lesquelles ça n'a pas cessé de souffler. À la voile, c'est la bénédiction. En rameur, c'est la punition. En plus, impossible de dormir. Ça secoue trop. Depuis ma couchette, allongé, j'observais les déferlantes s'écraser sur le hublot au-dessus de ma tête. Avec le plancton, ça faisait des pluies d'étoiles filantes. Sublime. Un spectacle pyrotechnique. Au moins, ça occupe.

Cette météo agressive ne fait pas mes affaires. Comme je ne peux pas sortir ramer, je subis. Cap 140. Au moins, je ne recule pas. Si je ramais, je ne m'embêterais pas. Si je ramais, ça ne servirait pas à grand-chose. Si je ramais, je serais en danger. Avec des « si », on mettrait le canot en bouteille. Que de choses tournent dans une tête inactive !

Une bonne chose quand même : quinze fois, vingt fois, j'ai senti que j'allais me retourner. J'ai serré les fesses, j'ai essayé de compenser avec mon poids. Et je suis resté dans le bon sens.

Jour 54

Y en a marre ! Relou, relou, relou. Trente-six heures enfermé, quinze heures de répit, et re-vingt-quatre heures de misère. La croisière ne s'amuse pas beaucoup en ce moment. Je me suis rasé (sans me laver), ça, c'était sympa. J'ai réussi à manger chaud, le briquet est en sursis, donc c'est plutôt une bonne nouvelle. Et sinon… j'ai pompé, pompé, pompé. J'étais total à sec. À tel point que j'avais puisé dans mes réserves d'urgence, ce qui n'est pas prudent. La météo, un peu plus conciliante, permettait au bateau d'être moins ballotté, alors j'ai mis en action mes petits bras, non pas pour avancer, mais pour faire de l'eau. Quatre heures le même geste. Un goutte-à-goutte. Résultat : dix litres. Toutes mes bouteilles sont pleines, j'ai aussi pu mettre trois litres en réserve dans le bidon conservé dans le compartiment avant du bateau. Je n'ai pas été assez prévenant sur ce coup-là. Je ne me ferai plus avoir. C'est le métier qui rentre après – si on ajoute la traversée aller – quatre mois d'apprentissage. On apprend toujours. C'est cinglé d'être entouré d'eau, salée certes, et d'en manquer. Ce n'est pas loin de la torture. Les oiseaux marins, eux, ils ont un des-sal intégré, ils n'ont qu'à ouvrir le bec, avaler de l'eau de mer et leur glande je-ne-sais-plus-quoi fait le reste. Si seulement…

J'ai quand même réussi à ramer un peu et à infléchir ma route vers le nord. Une trentaine de milles en ayant donc pompé une bonne partie du temps. Ce qui est pris… Chaque fois que se présente ce qui ressemble à une accalmie, j'ai envie de reprendre les rames. Faut aussi être raisonnable, ne pas s'user pour gagner un quart de mille. Tout est dosage. Effort ou pas effort, au moins je vais pouvoir boire à ma soif. Il n'y a pas de petites victoires. Rien ne peut être parfait. Il faut anticiper, se consacrer à ce qui est possible, remettre à plus tard ce qui le sera.

Jour 55

Le ciel est noir, la mer est noire, et moi, je suis au milieu, avec l'humeur… non, pas noire, faut pas exagérer. Comme je peux ramer, je ne me laisse pas gagner par cette atmosphère étrange et plombante. J'ai enfilé un legging, un tee-shirt, un sweat, une salopette, une veste étanche, ce qui est sport, allongé et entortillé dans ma banette… Ça trempait sec. Comme tu rames à fond, très vite, tu transpires. Et oui ! rien n'est facile. Donc, petit à petit, je me déshabille, comme un oignon qui enlève ses couches. Pour finir en short et salopette. Pas très élégant ! Faut s'adapter. C'est pareil pour la route. Avancer, oui, mais pas trop est. Sinon à la fin, il sera trop tard, je serai sur un caillou espagnol ou portugais, à téléphoner en Bretagne pour qu'on vienne me chercher. Caper. C'est mon obsession. Un bon moment, j'ai redressé la barre, cap au 60, ce qui était quasi idéal, mais dès que je cessais de ramer, ça me remettait cap au 90. C'est dur. Que d'efforts pour de petits gains. J'en suis même arrivé à me retenir de faire pipi pour poursuivre dans le bon sens. En plus, faire pipi, c'est acrobatique. Il faut se lever, sur un canot instable, trouver la bonne position, et ne pas passer à l'eau. Il paraît qu'on a retrouvé un paquet de noyés, la braguette ouverte. J'ai tellement puisé en moi, j'ai tellement ramé d'heures que j'ai fini, l'après-midi, par me sentir mal, avec la tête qui tourne. Heureusement qu'il ne fait pas trop chaud. Il ferait même quasiment froid. Les températures n'ont jamais été aussi froides depuis le départ. Pourtant, je n'ai toujours pas chaussé mes bottes, je suis pieds nus la plupart du temps. C'est bon, pour moi, ça sent la maison. Quand je repense aux pionniers qui ont vu leurs mains geler sur leurs avirons... Pour se requinquer, rien de mieux que de manger. Cracker, pâte de fruits, compote, gratin dauphinois, crumble. J'ai dévoré. J'ai toujours faim, à terre. J'ai encore plus faim en mer.

Jour 56

Et merde ! Puisqu'il faut bien se consoler, avaler la pilule, je me suis jeté sur ma réserve de chocolat. Je m'en délecte à l'avance. Perdu : tout est moisi, je dois tout jeter, ce sont les poissons qui s'en régaleront. C'était la journée où tout va à l'envers. Ça partait pourtant comme dans un rêve. La rose des vents avait enfin décidé de me faire une fleur. Le vent avait tourné au sud-sud-ouest dans la soirée, idéal pour me pousser. Ça fusait. Moyenne à 3,5 nœuds. J'en profitais pour me recadrer nord, cap au 28. Je me prévisualisais déjà sur la carte, au-dessus de l'Espagne. À 13 h 30, j'y étais. Quel boost au moral ! Je commençais à triturer les statistiques pour imaginer la date de mon arrivée à Ouessant. Ça sentait la dernière ligne droite. Et puis... le ciel s'est obscurci, l'ambiance a changé, un grain s'est pointé et le vent est repassé nord. Il pleuvait tellement que je me suis mis à l'abri. En une demi-heure, j'avais déjà perdu un mille. J'étais dégoûté. Je retournais d'où je venais. Je pensais que, dès le grain passé, le vent aurait à nouveau bon esprit. Même pas. Et d'autres grains se sont montrés. Les petits copains du premier. Démoralisant. Soûlant. Maintenant, je veux bien arriver n'importe où. Où le vent m'emportera. Ça fait six jours que je galère, ça fait des jours que je n'ai pas vu un bateau, je suis saoulé de tout. Et même pas de chocolat dispo... Qu'est-ce qui fonctionne encore dans ce bateau ? Moi et les avirons. C'est gavant. Ça y est, le briquet a rendu l'âme : ça, c'est fait. Même quand je sors la GoPro pour m'occuper, ça tourne à l'envers. Je filme des heures pour rien, et juste au moment où je la range, de belles vagues m'arrivent dessus. Ça aurait fait de belles images. J'ai essayé de reprendre les rames : je faisais du 190. Pas rentable. J'en ai été réduit à mettre à l'eau l'ancre flottante pour ne pas trop reculer. Demain sera sûrement un autre jour. Quoique…

7.

ALLO, DOCTEUR FREUD ?

Jour 58

Huit milliards d'êtres humains… Et ne pas en croiser pendant quasiment trois semaines. Même si la mer, qui représente deux tiers de la superficie du globe, est peu fréquentée, c'est étonnant. Et si l'humanité avait été engloutie par une subite montée des eaux ? Et si le monde était devenu *Waterworld*, le film où la terre a disparu, où elle n'est plus que mer. Eh non ! On est au moins deux encore à flotter. Apparaît un chimiquier, le *MT Dvina Gulf*. Contact établi. Il ne comprend pas trop sur quoi je navigue. D'où le message assez abscons qu'il forwarde à Alice : « Transmis à la demande du kayak sa position 43° 56,3' N, 23° 34,7' W. Tout va bien à bord. »

Il m'a filé la météo sur cinq jours. Je pige vite que c'est du n'importe quoi. Je peux juste essayer de me localiser sur la carte des courants de Newt. Le but du jeu, c'est d'essayer de se situer là où ils vont dans le même sens que moi. Ça reste de l'à-beaucoup-près.

J'ai une grosse pensée pour Romane, ma petite cousine. Il y a un an, elle nous quittait. Je lui demande de m'éclairer, de me montrer le chemin. Et j'ai l'impression que ça commence à marcher. Malgré les conditions hyper compliquées, l'après-midi, j'ai fait 23 milles dans le bon sens. Et la houle, surtout, semble vouloir se calmer. C'est dingue, la houle. Dans la matinée, elle devait être de douze mètres. Ça semble énorme. Mais il y a houle et houle. C'était douze mètres, c'était doux, ça ne déferlait pas. La houle était très longue, sans vent, c'est souvent les restes d'une tempête lointaine. Elle berce, elle gonfle et elle dégonfle comme si la mer respirait fort dans son sommeil. J'en avais des haut-le-cœur, mais j'ai adoré. En bas, je ne voyais même pas le ciel, j'étais comme protégé. En haut, j'étais au sommet d'une montagne et je voyais à perte de vue les trains de houle se rapprocher. Il paraît que c'est la bête noire des longs porte-containers, ça applique des contraintes énormes sur leurs longues coques lourdes, ça peut les casser en deux. La mer courte et déferlante ne leur pose cependant aucun souci. À moi, beaucoup plus.

De temps en temps une famille de pétrels s'approche dans un parallèle parfait avec le relief de la houle.

Jour 59

Pouhhhhh ! Piste noire, tout schuss, je dévale la pente. Si Monique était à bord, elle volerait. On fait le sous-marin, la torpille, même. Entouré d'eau, c'est tubulaire…

Il faut des moments comme ça, des récompenses.

Je sens que ça tourne !

Je recommence à faire des moyennes à plus de 40 milles. À ce rythme-là, la Bretagne est dans deux semaines.

J'ai cru apercevoir un goéland royal, comme ceux qui planent autour d'Yvinec, que je nourris avec les restes de crabes. Sauf que je me suis trompé. Un signe : je veux tellement être chez moi que je m'y vois déjà. En revanche, le gros bidon en plastique qui flottait était bien réel. J'ai tenté de l'approcher pour le récupérer, pourtant je me suis juré de ne pas faire le bateau-poubelle, je n'en ai pas les capacités. Peine perdue, je n'arrive pas à l'atteindre, et il a l'air de peser une tonne, il doit être rempli à ras bord.

Jour 60

Aujourd'hui, j'ai le choix entre quatre ambiances. Je rame dans l'aube naissante. À bâbord, ciel d'un bleu limpide et immaculé. Devant, un amas de nuages. À tribord, de gros grains déversent leur pluie. Derrière, des vents agités. C'est au choix… C'est comme être au centre d'une exposition, dans une pièce carrée, et être saisi par quatre tableaux différents… Un bruit me tire de ma rêverie de rameur solitaire : trois baleines, soudain, émergent de l'eau, petites, grises, presque blanches. Au déjeuner, je me suis préparé un lyo choco froid. Un délice. Que demander de plus ? Un briquet et des milles, peut-être…

Jour 61

J'ai fait un rêve, vraiment. Un gros gâteau d'anniversaire flottait vers moi. Je répète : un gros gâteau d'anniversaire flottait vers moi. Avec écrit dessus : « Joyeux anniversaire Guigui ». Jusqu'à preuve du contraire, je suis né un 3 janvier. J'avais fêté mes vingt-neuf ans en mer à l'aller. Sans gâteau. Pourquoi mon subconscient est allé chercher ça ? Allô ! Docteur Freud ? J'ai peut-être envie de rassemblements familiaux. J'étais tellement obnubilé par l'idée d'arriver vers le 15 août à Yvinec pour le rassemblement annuel de la famille ! Pas d'anniv, pas de gâteau. Une grosse envie de cadeau. Parler à Newt. Je visualise la scène, j'en souris, j'en frémis de bonheur, elle aussi. Faut pas rêver. J'ai juste croisé un cargo. Je l'appelais, j'entendais le bruit entêtant de ses moteurs. Je l'ai appelé. Aucune réponse. Je l'ai appelé, en le décrivant, couleur de la coque, forme des containers. Enfin une voix a répondu, en se plaignant que je n'avais pas donné son nom. Oui, c'est le process. Mais il n'y avait que lui et moi sur zone. Mes yeux ne sont pas des jumelles, je ne lisais pas son nom. J'ai vainement essayé de lui arracher des infos météo, il ne comprenait rien. Je n'ai même pas essayé de lui dicter un mail pour envoyer de mes nouvelles. Allez, passe ton chemin. C'est drôle, un peu plus tard, un nuage semblait me dessiner un doigt d'honneur, ha ! ha ! C'est beau, un beau coucher de soleil se dessine, j'écoute, et je réécoute, des dizaines de fois, les chants basques de mes cousins, pour accompagner cette symphonie naturelle. C'est beau, mais j'aimerais aussi partager ce moment rare.

Jour 62

« À la crique aux big', à la crique aux big', à la crique aux big', big', bigorneaux, à la crique aux big', big' et big', ô bigorneau, t'as ta maison sur le dos, panique à la crique, v'là bernard-l'hermitte qui veut squatter la baraque où tu habites, vas te réfugier, sous le grand rocher, avant que la marée monte, faut télégraphier mayday, mayday, mayday, il faut me protéger, ou il va me gober… »

On fait avec ce qu'il y a. J'ai besoin de musique. Après les chants basques des cousins, voilà, les *Bigorneaux* de Juke, le ténor de Brest, chantés – non, interprétés – par mes neveux. Ça s'écoute. Et ça me fait rire. Idem pour une petite vidéo où Paul, mon neveu de trois ans, pour la fête de sa mère, ma sœur Fantig, dit un truc genre : « Un bonbon, que c'est bon, deux bonbons, que c'est bon, mets ta main sur mon cœur, ce sera encore meilleur. » Il a une petite voix rauque et un air malicieux. J'ai hâte. Je suis très famille, bien que très solitaire en aventure. Paradoxe ? Je suis nostalgique, aujourd'hui. La mémoire oublie vite, elle est sélective, elle enfouit les moments les plus rudes. Je parcours à nouveau sur les photos de mon tour du monde. Là-haut, en Arctique, je me suis bien fait défoncer par les mauvaises conditions. Les bouts étaient raides, tout était gelé, figé, je tapais avec une batte de baseball pour essayer de déglacer mon bateau et qu'il ne coule pas sous le poids de la glace. Je me souviens aussi de la difficulté qu'a eue la banquise à se former, de l'assaut acharné des icebergs dérivants contre la coque d'*Yvinec*. Ils me faisaient déraper sur mon ancre, j'ai même fini échoué. Je suis dans une problématique assez similaire en ce moment, le froid en moins. Le rameur recule. Je tente de freiner ce recul, en mettant à l'eau la grosse ancre flottante. J'ai mis les cinquante mètres de bout, la tension est quand même sévère dans les rappels. Remonter l'ancre dans ces conditions est ultra physique, il faut reprendre le mou entre deux vagues, au risque de partir avec. J'espère que je ne vais pas tout casser. Tout ça, avec des déferlantes qui passent au-dessus du bateau. Je suis confiné et en plus je subis. Un temps, j'ai profité d'une relative accalmie pour ramer : j'ai fait un demi-mille en une heure et demie. Pas rentable. Je suis retourné à mes vidéos familiales. Au moins, ça entretient le moral. Quand je vois où était d'Aboville après deux mois… c'est comme s'il m'avait doublé à fond ! Il a eu une météo vraiment plus sympa que moi. J'en ai encore pour vingt jours minimum. Et je n'ai plus que huit biscottes. Je vais peut-être les couper en deux pour faire durer le plaisir. J'en aurais bien donné quelques miettes aux oiseaux qui sont venus me rendre visite. Une volière d'une cinquantaine d'individus est passée pas loin. Je suis sorti, j'ai sifflé, « wuhuhuhuhuu ! je suis le petit homme qui essaye de parler à l'oreille des volatiles », la moitié a fait demi-tour : je suis définitivement certain que les hommes et les animaux peuvent interagir beaucoup plus qu'ils ne le font.

Jour 63

C'est fou comme l'humidité s'incruste partout. Certaines de mes fringues moisissent et je sais déjà qu'elles sont irrécupérables. J'ai beau gratter, ça ne part pas. Je déteste gâcher. C'est vraiment un drôle d'environnement, une cabine riquiqui de rameur. C'est mal aéré. Bien souvent, la condensation dégouline du plafond. C'est presque comme si je naviguais dans une baignoire. Je rêve d'une laverie. Pour mes affaires. Pour moi. Trouvez-moi une machine 60 kg et je monte dedans tout habillé. Je veux être propre. Je me sens dégueu, dégeu, dégeu. Heureusement, la douche se rapproche. La Bretagne est à 650 milles. Les courants et les vents sont plus collaboratifs. Je recommence à être dans le rythme de 30 à 40 milles par jour. Terre ! Enfin presque. J'ai, enfin, croisé un cargo, un vraquier. Le *MV Yasa Neslihan*. Le capitaine, Mehmet Emin Debes, a été super sympa. Il a pu envoyer ce message à Alice : « On a parlé à Guirec. Quand on lui a parlé, notre position était 45° 37,1' N – 20° 56,1'W. Il nous a demandé les prévisions météo. On lui a données. Il a dit que tout allait bien. On lui a aussi demandé s'il avait besoin d'aide, il a dit non. Il a dit que son plan était d'arriver en France le premier week-end de septembre. » J'y crois toujours. Je suis si heureux de donner de mes nouvelles, même par un intermédiaire. On a aussi beaucoup disserté autour de météo. Celle qu'il me donnait ne correspondait pas à celle que je constatais. Le positif est que la tendance générale serait à des vents d'ouest. Avec du 40 nœuds d'ici trois jours ! L'essentiel est de l'avoir dans le bon sens. Le reste, je m'en fiche, je suis prêt à ramasser, tant que c'est dans le bon sens. Je dois encore affiner ma trajectoire. Faire de l'est. Faire du nord. Ce n'est pas aussi simple que sur le papier.

Jour 64

C'est flippant de se réveiller dans le gris du brouillard. Je suis cerné. Plus je me rapproche du continent, plus il va y avoir de bateaux. Et l'AIS qui ne se remet toujours pas en route. Ce n'est pas rassurant. Ça veut dire ramer et veiller. Ça veut dire dormir et ne pas être tranquille. C'est du vingt-quatre heures sur vingt-quatre.

Jour 65

Cric, cric, cric. Mon banc de rame grince. La rame d'aujourd'hui est plus élaborée que celle des pionniers qui s'asseyaient juste le moins inconfortablement possible sur un banc de bois, fixe. Je suis assis sur un plateau mobile, fixé sur des roulettes, comme un rameur d'appartement. Une transat atlantique, c'est plusieurs centaines de milliers de fois la même répétition mécanique. Et ça use (pas que le bonhomme). Le WD-40 ne suffit plus. Je démonte pour ausculter au mieux. J'adore bricoler. Je suis frustré, sur un canot. À bord d'*Yvinec*, il y avait toujours quelque chose à régler. Réfléchir, utiliser le bon outil, remonter, recommencer si ça ne fonctionne pas, réfléchir autrement, résoudre… j'aime. Sûrement que j'aurais pu être ingénieur s'il m'avait fallu choisir un métier classique. Trop content, donc, de devoir résoudre l'énigme du banc qui grince. Je démonte, je décoince, je manipule. Une roue reste coincée, je force, et… elle saute à l'eau, coule à pic aussitôt. Pour la vocation d'ingénieur, il faudra repasser. Il ne me reste qu'une solution évidente : installer le banc de secours que j'avais eu la jugeote d'embarquer. Sauf que ce n'est pas une copie conforme, sauf qu'il ne me convient pas. C'est là que mon amour du bricolage intervient. Avec deux bancs, j'en fais un, je prélève des morceaux intacts du premier pour améliorer le second. Ça craque autrement mais ça fonctionne. Une heure et demie de bon boulot. Il y a des jours où tout va dans le bon sens. Je tiens des moyennes proches de 3 nœuds. Plus que 614 milles. Et en fouillant dans le bric-à-brac entassé dans le compartiment avant, j'ai retrouvé un sachet sous vide rescapé de ma première traversée. C'est comme un cadeau. Il y a tout ce que je préfère de mon lyophal : deux plats de carbo, un cari poulet, un wok de nouilles, des céréales aux fruits. Comme, en plus, je suis dans une phase de boulimie...

Il est là. Je le vois. Il est vrai. Il a ses voiles dressées. Il file vers le nord. Un voilier ! Je l'ai tant rêvé. Je vais pouvoir l'aborder. Je me vois déjà récupérer du dentifrice, quémander un briquet et de l'eau potable. Je le vois. Je l'appelle. Cinq fois, dix fois, trente fois. Aucune réponse. Est-il fantôme ? Est-il déconnecté ? Est-il skippé par un vieil ermite solitaire qui veut le rester ? Il est tout près. Il est au vent, gueuler ne servirait qu'à m'époumoner. Il passe sa route, fait chier, fait chier ! Pourquoi fait-il du plein nord ? Vers l'Islande ? Saurait-il quelque chose que je ne sais pas ? Ce voilier, le premier, même silencieux, annonce, quoi qu'il en soit de ma déception, la terre promise. D'autres signes le disent. J'ai croisé un énorme filet de chalut, vert. J'ai croisé une espèce de perche avec un cône réfléchissant, ce doit être un DCP. C'est un « dispositif de concentration de poissons », une méthode de pêche assez répandue au large, qui consiste à créer comme un abri dérivant pour attirer les petits poissons, qui à leur tour attirent les plus gros puis les plus gros, jusqu'à ce que le pêcheur lui-même vienne se servir sans trop d'effort. Le petit cône réfléchissant, ce doit être un mini-panneau solaire qui alimente la balise pour le retrouver.

Jour 66

Mauvaise nuit. Je vais m'en remettre. Je regarde un petit oiseau s'approcher. Il hésite à se poser sur l'antenne. J'ai peur pour lui. C'est tellement fin qu'il pourrait finir en brochette. Il hésite puis reprend son vol. Décidément, personne ne veut sociabiliser avec moi. Ni les bateaux, ni les oiseaux. Ni même les belles méduses qui me tournent autour. Si je m'y frotte, je m'y pique, c'est un piège. On me laisse à ma solitude. Il faut aussi que j'en profite. Je radote mais c'est une chance, d'être coupé du monde, coupé de tout. C'est idéal pour une petite introspection. Tout le monde devrait s'imposer dix ou quinze jours de déconnexion par an, sans influence autour de soi, en ne pouvant compter que sur soi. J'ai pris le temps de réfléchir posément à des événements passés ou futurs que je survolais, que j'appréhendais en demandant des avis ici et là. Là, je ne suis qu'avec moi et mes pensées. Je me projette sur l'échelle du temps, je réfléchis à la paternité. C'est génial, génial, génial. C'est le luxe absolu. Qui peut aujourd'hui être dans cette position ? Je cherche, je ne trouve pas. L'isolement n'est pas une punition quand il est choisi. Je suis pressé de rentrer, mais ça me manquera aussi.

Jour 67

C'est bien une torture morale. Le vent s'amuse avec mes nerfs. Nord, ouest, sud, est. Il a tout fait. Il y aurait eu un cinquième point cardinal qu'il l'aurait fait. Comment prévoir quoi que ce soit dans ces conditions ? Espagne, Bretagne, Islande, Irlande.

Toutes les terres semblent possibles. Donnez-m'en une, n'importe laquelle, je la prends, je la touche, je débarque. Je craque. Je veux me requinquer avec un petit plaisir gustatif et, là encore, raté ! la biscotte que j'avais économisée est infâme, moisie, dépassée. Je mange mon pain noir… Quand soudain, enfin, un grain refait tourner la rose des vents, comme on lancerait une bille nouvelle sur la roulette du casino. Et là, bingo ! le vent d'ouest s'établit. Je peux me remettre aux rames. Et avancer vers la délivrance. Mais dans combien de jours, d'heures, de minutes ?

Jour 68

Rouge, orange, jaune, vert, bleu, indigo, violet… les sept couleurs y sont. Un arc-en-ciel, enfin, de bout en bout, mon premier. L'arc de triomphe sous lequel je vais passer avant l'arrivée ? Je suis lancé. Plus de 40 milles par jour. Vent d'ouest généreux dans la poupe du canot. Je rame dans le bon sens, et je suis exténué, à tel point que, à la nuit tombée, je rame encore mais je dors déjà, mon cerveau m'a quitté, les muscles sont en mode pilote automatique. J'ai envie d'une longue nuit réparatrice. J'ai envie d'un bon lit. Je ressors mon gros sac de couchage car la température s'est franchement rafraîchie. Mais il est tout salé. Je vois les cristaux qui scintillent. J'avais mis quinze jours pour le sécher après le chavirage. Il est sec, il n'est pas rincé. Les deux fermetures, en plus, sont oxydées. Je tiens trop à ce duvet, il a fait le pôle Nord et le pôle Sud avec moi et Monique. Je parviens à en dégripper une. Je ne m'acharne pas sur l'autre. Je ne veux pas le casser. Il ne me reste plus qu'à me glisser dedans. Tout habillé, en jogging et en tee-shirt, moi qui préfère être torse nu avec un caleçon. Même dans mon lit, je vis avec les embruns.

À part ça, j'ai vu une espèce de goéland, qui n'en est pas un, faire du ski nautique. Sans avoir fumé (je ne fume pas). Ou plutôt du barefoot. Hallucinant. Il s'en passe, des choses inouïes, en mer. Il arrivait à tire d'aile vers le bateau, surfait sur la surface, plongeait pour choper un poisson, et repartait. Je surfe un peu moins mais je gratte des milles : encore quarante !

Jour 69

Ça couine, ça grince, ça craque, ça crisse... Je ne supporte plus le bruit que fait le banc depuis que je l'ai changé. Donc je m'y remets. Cette fois-ci, je dégote les roues de spare que je pensais perdues dans le retournement et qui, en fait, étaient cachées dans les fonds. Avec l'oxydation, la rouille s'est déjà emparée du bazar. Ce n'est pas si facile à démonter. Et là, victoire ! ça n'a plus rien à voir. Ça glisse, ça coulisse, ça fait du bien, ça rend heureux. Sale contrepartie : je suis dégueu, plein de graisse, je pue, je sue. Mais ce qui est au service de la performance a du sens. J'ai, aussi, bien exploité le panneau solaire USB et rechargé GoPro, VHF portable et téléphone. Je m'approche des côtes, je suis à 300 milles de l'Irlande, à 400 milles de la Bretagne, le trafic s'intensifie, j'ai besoin d'un maximum d'infos. Je ne comprends pas encore tout. J'ai ramé comme les jours derniers, je pensais avoir ajouté une quarantaine de milles au compteur et pourtant je n'ai progressé que de trente. Sûrement qu'un courant presque imperceptible me retarde. Peut-être que l'effet des marées se fait déjà sentir ? Je ne connais pas leur influence à ce point précis et Maurice n'est pas joignable pour me fournir plus d'infos.

Jour 70

Franchement, il n'y a rien de pire que de traverser un océan à la rame. Putain ! pourquoi je me suis lancé là-dedans. Je me réveille, et je constate que j'ai reculé de plusieurs milles. Le vent est passé à l'est, le brouillard s'est installé comme chez lui, le courant fait des siennes. Ils ne peuvent pas me laisser ramer tranquille ? Ils ne peuvent pas me laisser obtenir la juste récompense de mes efforts ? Quand tu « gagnes » 2 milles dans l'est, et 15 dans le nord, ce n'est pas de la ligne droite. Ça indique plutôt la direction d'un pays où on parle anglais plus que breton. Je ne veux pas de l'Irlande, ce serait comme une traversée incomplète. J'étais tellement content, il y a quelques jours, de m'imaginer en Bretagne. Ça ne se rapproche pas comme je veux.

J'en ai les larmes aux yeux. À chaque fois que je prends mon téléphone pour vérifier ma position, c'est une mauvaise nouvelle. J'étais, hier, à 400 milles pile-poil d'Ouessant, et plus ça va, plus je remonte dans les 400 et quelques. Je recule de 30 milles par jour. C'est comme au début de la traversée. Un élastique invisible me tire en arrière. Sortez-moi d'ici. J'en ai marre, marre, marre. Je rame comme une brute, je mets l'ancre flottante et je pars quand même plein nord. Je sens que ça va durer, j'ai un mauvais pressentiment.

Jour 71

Je l'ai vu se dessiner peu à peu dans l'horizon. Était-ce le fruit de mon imagination, de mon envie ? Non, le trait s'épaississait, grandissait, s'affirmait. Un bateau ! Il a suffisamment grandi pour se trouver à portée de VHF. Et là, le capitaine a répondu. Un peu en français. Cela faisait si longtemps que je n'avais pas parlé en français, sauf avec moi-même. Ils étaient partis de New York neuf jours plus tôt, ils arriveraient à Amsterdam dans deux jours. Ça fait mal au moral ! Ils ont pigé que je voulais des prévisions météo. Elles ne sont pas prometteuses : le vent d'est pourrait durer dix jours, voire plus. J'espère qu'ils sont mauvais en météo... Déjà que là, je suis sur la même longitude que le jour d'avant. Je veux bien une bonne tempête d'ouest pour me pousser vers la Bretagne, je suis prêt à l'endurer. Il faut que ça cesse. J'ai été à une semaine de rame de l'arrivée et là je m'éloigne toujours un peu plus. Il faut se convertir à d'autres plans. Je commence à être raide en nourriture. J'avais embarqué quatre-vingts jours de vraies rations, et du rab en plus mais j'ai tapé fort dedans les deux premières semaines. Là, je vais devoir me rabattre sur du second choix, les invendus de l'aller. La bouffe, c'est si important ! c'est un exutoire. Je dévore comme un sagouin. J'ai déniché une conserve de dorade grise au gingembre. Le bonheur intégral. Une tuerie. Un moment de bonheur au milieu d'un océan de contretemps.

Jour 72

J'ai bien compris que j'allais stagner quelques jours. Il faut s'occuper. Je réinstalle, opinel en action, le pavillon français que j'avais pété quelques jours plus tôt. Je déniche un stylo, que je croyais perdu, je décolle les pages d'un vieux cahier moisi, je vais voir si je sais encore écrire. Je ne tiens pas de journal de bord à l'ancienne, je m'enregistre, je me filme. Une question de génération, peut-être. Je pompe, surtout. C'est encore plus répétitif que ramer. Je suis assis, je tiens le socle d'une main et de l'autre, je pompe avec force et lenteur de haut en bas, dessinant un arc de cercle avec la longue manette qui ressemble à un cric. Il faut être délicat avec le matériel. J'ai pompé six heures, record, et produit seize litres d'eau. Je prends mon mal en patience en meublant mon temps avec des petites choses. Qu'il serait bon de pouvoir appeler ceux que j'aime ! J'espère qu'à terre Newt ne se fait pas des nœuds au ventre.

8.

IL Y A ENCORE DE LA ROUTE

Jour 73

Et splash ! En pleine tronche, la petite vague traître qui me sort de ma sieste. J'ai voulu aérer ma tête de lit, c'est pourtant quasi-pétole. Mais non. Voilà, c'est parti pour des jours de séchage.

Mais la bonne nouvelle, c'est le compagnon de galère qui semble vouloir faire un bout de chemin avec moi. Un magnifique fou de Bassan – ça tombe bien, Paulette n'est jamais revenue à la maison, la place est libre. Il doit faire pas loin de trois mètres d'envergure, il est magnifique avec son maquillage aux yeux et ses reflets jaunes. Si ça se trouve, c'est un de mes voisins. À quelques encablures d'Yvinec, dans les Côtes-d'Armor se trouve la plus grande colonie de fous de Bassan d'Europe, des dizaines de milliers d'individus ! Ils vivent sur l'île Rouzic, je les vois depuis ma chambre. L'île, au loin, est toute blanche d'un côté et rousse de l'autre. Il paraît que les fous peuvent parcourir des centaines de kilomètres par jour, donc ma théorie tient debout.

Jour 74

Pas mieux.

Jour 75

Pas mieux.

Je décide de faire appel à un ami que j'ai négligé ces derniers temps : le petit Jésus. Je lui adresse une prière. Ça faisait longtemps que je ne l'avais pas fait. Heureusement, Pedro me remonte le moral – c'est ainsi que j'ai nommé mon joli fou. Il a déjà sa petite routine, il s'éloigne en fin de matinée et me retrouve quelques heures plus tard. Il est drôle.

Jour 76

Pas mieux. Sixième jour que je rame en rond, que je dérive vers l'ouest. Comme si je m'étais trompé de sens dans le métro. Vingt-cinq nœuds de vent dans le mauvais sens, avec grains à 30 nœuds, courants qui m'attirent vers le nord. J'ai dépassé la latitude d'Ouessant, il ne faut pas que j'aille plus haut. Quand tu fais 20 milles dans le nord-ouest, tu n'es pas joyeux. Si près du but.

Jour 77

Pas mieux. J'ai maintenant dépassé la latitude d'Yvinec. S'il te plaît, vent, tourne, s'il te plaît !

J'accumule. Je ne suis pas servi par la chance. Si encore je pouvais infléchir ça. Je subis. C'est foutu. Je vais m'échouer en Irlande ou je ne sais pas où, seul, sans que personne ne le sache. Je ne l'ai pas rêvée ainsi, mon arrivée.

Jour 78

Pas mieux. Je recule maintenant de 30 milles par jour. Tout ça, en en faisant ni plus ni moins, côté efforts. J'ai l'impression que le Gulf Stream m'aspire vers le nord. J'ai beau essayer de superposer ma position sur la carte des courants, ce n'est pas très clair. Courant nord, vent d'est, houle croisée, je ne coche rien de bon. Je profite juste, parfois, de conditions provisoirement changeantes pour rectifier ce que je peux à la marge. Je suis dans cette galère depuis huit jours. J'essaye de tenir le coup, d'égarer mon esprit. Je décide de m'occuper enfin de ma carte insérée dans la GoPro, qui avait pris le sel début juillet dans le chavirage. Et, petit miracle, en la frottant, puis en l'installant dans une autre GoPro, je peux visionner pas mal d'images de ma traversée. C'est bon, aussi, de voir par où je suis passé, je me dis que j'ai cumulé, qu'il ne peut pas m'arriver plus difficile. Et personne, sauf moi, ne le sait, hors les grandes lignes. Je ne peux pas partager. J'aimerais trop être autour de la grande table à Yvinec et raconter ces souvenirs. Pour l'heure, c'est la réalité, on n'est pas encore dans les souvenirs, Guigui.

La journée, je m'occupe à peu près. La nuit, c'est plus rude. Je sens le bateau qui recule, j'entends les vagues qui m'emmènent où je ne veux pas. J'essaye vainement de trouver une position à peu près confortable pour dormir. Je me prends des coups. L'ancre flottante rappelle violemment, le bateau plante dans la houle. J'ai mal au crâne, à la nuque, au cou. C'est à devenir fou. Je me tourne, je me retourne. Et je finis par donner des coups de poing sur la cloison. Trop besoin de me défouler.

Plus jamais ça. Ce rameur, je vais le sortir de l'eau et plus jamais je ne l'y remettrai. Ce ne sera pas avec moi. Je vais le vendre. Des volontaires ?

Jour 79

Pas mieux.

Jour 80

« On a une petite fille, ah ! non, on attend une petite fille. »

C'est la voix de Newt. C'est plus que ça encore. C'est une annonce qui change ma vie…

Je vacille.

Des jours et des jours, plus de deux mois, sans l'entendre. Et là, miracle opérationnel, j'ai croisé un chimiquier, le *Caroni Plain*. Captain Verma répond, il a un accent indien, il est jovial, il semble content de me parler. Au début, on était dans l'essentiel. Je voulais de la météo, ils me l'ont donnée : de l'est, encore du vent d'est. J'étais deg'. Et puis on a continué à tchatcher. Mon chavirage. Mes quatre-vingts jours en mer. L'équipage va sur Rotterdam mais veut venir m'accueillir à Brest. Ils souhaitent obtenir mon numéro de portable. Je l'ai oublié, je galère pour m'en souvenir. Vraiment cool, ces échanges. J'ai demandé s'ils pouvaient envoyer des nouvelles de moi à terre. Le commandant Verma a suggéré qu'il pouvait peut-être faire mieux. Il est parvenu à bidouiller un phone patch. Il a appelé Newt avec son Iridium, il l'a collé à la VHF avec laquelle il me reçoit.

Et Newt est là... Elle est à Biarritz avec ses parents, chez son frère Tom, surprise en plein sommeil.

Je bredouille. Je ne sais plus.

Sa voix est robotique, lointaine. Je la reconnais à peine.

Je rembobine les derniers mois de ma vie. À Saint-Barth, à l'arrivée de la traversée aller... Le bébé... j'avais accompagné Newt à tous les rendez-vous.

Je lâche deux ou trois « désolé, désolé ». Je lui demande si elle va bien, s'ils vont bien. Je me suis fait tellement de films. J'ai peur qu'avec le stress que génère ma traversée des complications soient apparues. J'ai un peu honte de ne pas être à ses côtés.

Je l'implore : « Rassure-moi, tout va vraiment bien ? »

Je demande des nouvelles de tout le monde. Un mauvais karma m'a accompagné à l'aller. Mon oncle ainsi qu'un très bon ami ne m'ont pas attendu pour s'échapper dans l'autre monde.

Je narre brièvement les événements précédents, le retournement et ses conséquences. Je lui demande la météo. Newt a fait ses projections. Elle nous imagine réunis dans une semaine, ou à peine plus. Je lui dis qu'elle se trompe, qu'elle n'a pas ma position, que je refuse de lui faire de fausses joies. Je table plutôt sur trois semaines.

Le commandant n'est pas pressé. Au contraire, il nous pousse à continuer même si la communication n'est pas facile.

Alors les dossiers du moment y passent. Surtout le projet Vendée Globe, pour savoir si tout est clair avec les papiers de l'Imoca...

Je lui pose trop de questions, elle me dit que, la prochaine fois, elle essayera d'avoir plus de données. Je la rassure : j'ai assez d'eau. Je note que le vent d'est m'a déporté en bien moins bonne posture qu'ils l'imaginaient. Je m'excuse encore pour les soucis causés, Newt me dédouane. Je parle, j'écoute, je divague. Je vais être papa ! Son petit bidon va bien, c'est trop bien. J'espère que la maman sera moins casse-cou que le papa.

Newt a raccroché sans que j'aie eu le temps de lui confirmer ma position exacte. L'émotion, sûrement. Je demande au commandant de la transmettre à Alice.

Il y a encore de la route.

J'explose de joie. Ce qui vient de se produire était inespéré.

Promis, ma petite fille, papa se dépêche, il a juste un peu de retard au planning. C'est une mauvaise manie dont tu hériteras peut-être, qui sait ?

Jour 80 (*bis*)

Je ne comprends plus rien. Je vois le soleil se coucher dans mon dos. Ce qui veut dire que je rame à l'envers. Si ça continue je vais recouper le fuseau horaire et me prendre une heure en plus de décalage horaire avec la France. Ce n'est pas que symbolique ! Je progresse plein ouest. J'ai trop besoin de ramer après quinze jours d'ancre flottante. Je me suis encore énervé contre la coque, je dois absolument me dépenser, alors je rame, sens contraire. Faut être dingue pour en arriver là. Du coup, je change mes plans. Si je m'évertue à gagner de l'est, vu mon cap réel, ce n'est même plus en Irlande mais en Islande que je vais finir. Je dois prendre une décision contraire à la géographie, mais il est question de stratégie à présent. Donc, cap au sud-ouest. Il faut viser le moins pénible. À aucun prix, l'Irlande sans carto. Plutôt un mois de mer en plus pour arriver en Bretagne. Je ne subis plus. Ça va dessiner une drôle de trajectoire : je vais sûrement recouper mes traces un jour ou l'autre. À travers ma bulle, je vois des étoiles. L'espoir…

Jour 81

Pas (beaucoup) mieux. Je vois les avions qui laissent leurs traces blanches dans le ciel et ça m'énerve. Je ne veux plus les voir. Pedro n'est pas là mais des dizaines d'oiseaux tournent au-dessus de moi. Annoncent-ils que la terre est proche ? Je ne veux plus les voir. Mon aventure aura été tout sauf une ligne droite. Je fais mes calculs, zigzag inclus. Au bout du compte, je vais avoir fait dans les sept mille kilomètres au lieu des cinq mille théoriques. C'est chaud, quand même.

Jour 82

Toujours pas (beaucoup) mieux. Ce qui est important, c'est de ne pas avoir de regrets, de ne pas se dire à la fin de la journée que j'aurais pu faire mieux. En plus, le brouillard en remet des couches, j'ai l'impression de revenir au point de départ à Chatham. *Same player shoot again*. Et là, je manque de points de repères. D'Aboville était dans les mêmes parages, je regarde ses notes dans son livre, il avait beau temps et vent d'ouest dans les fesses, j'ai vingt-cinq jours de retard sur lui. À chaque fois que je fais un point, c'est l'horreur : huit heures de rames pour un gain de 4 milles. Quand je m'arrête, je recule... En rentrant, je vais être capable de faire n'importe quoi, d'enchaîner dix marathons. D'habitude, je rame deux ou trois heures avant le petit déjeuner.

Je sais que je vais tellement subir et souffrir, que je vais m'exploser, que je n'arrive pas à y aller et que je mange avant pour commencer par du plaisir. C'est dur de trouver la motivation. Je suis dégoûté. Je donne tout ce que j'ai, ça ne vaut pas le coup, autant remettre l'ancre flottante. J'aurai peut-être des jours meilleurs. Peut-être que je ferais mieux d'aller plonger.

Jour 83

J'ai compris. L'océan est très amoureux de moi, c'est pour ça qu'il ne me lâche pas et veut me garder, pour qu'on reste ensemble le plus longtemps possible. J'en ai parlé à Pedro, il pense comme moi. Sinon, le vent commence à tourner un peu nord-nord-est, j'ai réussi à faire du 160° en forçant, un peu de sud quoi, c'est déjà pris, à condition de retrouver des vents d'ouest. Ça ne correspond pas trop à ce que Captain Verma m'avait prédit. Ce n'est pas évident, non plus, à voir d'où vient le vent, avec la houle croisée. J'y crois, j'y vais. Je donne le meilleur de moi-même, c'est important dans la vie. Je progresse, je m'écarte de l'Irlande ; d'un autre côté, si je fais trop de sud je vais me fermer l'angle pour bien arriver en Bretagne. Je ne sais pas toujours quoi faire, en fait. C'est une drôle de projection. Je calcule, alors que je n'ai aucune visibilité, même à une heure, et encore moins les jours prochains. Mais si je m'arrête, ancre flottante ou pas, je pars à l'ouest direct. *What the fuck !* Je ne sais pas ce que je veux. Je me souviens de mon pote Yun qui me disait : « C'est un truc de galérien que tu vas faire », et moi je lui répondais « mais pas du tout ». J'aurais mieux fait de ne rien dire car c'est pire qu'un truc de galérien. Tout me fait mal. J'ai mal au crâne à cause de ma journée d'hier, en plus. Sûrement une petite insolation, rien de grave, juste désagréable. J'en ai plein le crâne, et j'en ai plein le c... !

J'ai eu une idée : je vais changer mon père de côté. Il me regarde avec sa pipe et sa bonne tête. Il regarde aussi l'ouest. Je me dis que si je change la photo de côté, il va avoir envie d'aller là où il regarde. J'essaye tout...

Jour 84

Ça sent encore la journée de merde. Depuis le 23 août, c'est la même qui se répète. On continue évidemment à dériver à l'ouest. J'arrive, péniblement, aux 230°. Brouillard, brouillard, petit coup de flip, vu cargo passer à un mille. Je n'ai plus une goutte d'électricité, le ciel est trop couvert depuis deux jours, et : pas de soleil, pas de jus, donc pas de VHF. Quand tu vois un cargo sortir du néant, sans qu'il te voie, sans pouvoir lui parler, c'est chaud, on n'en voit pas beaucoup, c'est au petit bonheur la chance, c'est impressionnant ; s'il arrive sur moi, je fais quoi, je rame et puis quoi ?... Je préfère ne même pas y penser. Une bonne nouvelle au milieu d'un océan de soucis. J'ai ouvert une boîte en alu, celles qui partent dans l'espace, cuisinées par le chef Ducasse, normalement réservées à Thomas Pesquet. C'était du saumon, tellement bon. Saumon, saumon... ça me fait penser à mon pote Raino en Alaska, j'aimerais tellement retourner pêcher avec lui, on attrapait des saumons énormes.

9.
DÉLIVRANCE

Jour 85

Fondant au chocolat ! J'y ai pensé toute la nuit. Je me l'étais promis. Quand enfin je me suis autorisé à aller le chercher, je devais avoir le sourire d'un gamin, je me suis revu à Noël devant un cadeau qui m'éclate. En temps normal, je le dévore en deux minutes, là je mets une demi-heure, j'en profite jusqu'au bout, il n'y en a jamais assez. Il ne m'en reste plus que trois jusqu'à la fin. À part ça, je commençais à avancer, doucement, sud, en m'explosant, quand, après une nuit de sommeil, j'ai cru rêver : je me suis aperçu avec ma boussole et mon téléphone que le vent était maintenant du nord-ouest. Je me suis habillé fissa, j'ai sauté sur mes avirons, j'ai enchaîné toute la journée, j'ai pris une heure et demie de pause maximum. J'avançais à plus de 2 nœuds, quasiment dans l'axe. Bilan : 23 milles au 110. Pas mal. Je suis rincé. Je n'ai plus qu'une bouteille d'eau, il faudrait que je boive plus, il faudrait que je m'en refasse, je n'ai pas le courage. J'ai aussi mal à une oreille, celle qui est la plus exposée aux embruns. Il faudrait que je replonge car le safran fait un bruit chelou, ça va me handicaper.

J'espère que je ne vais pas arriver dans cent ans, ça va être chaud, si je me rationne je n'aurais plus de jus, je dépense tellement en calories, il faut que je me nourrisse. J'essaye de ne pas trop faire de comptes, mais il le faut quand même. J'ai fait du tri : en ressortant les invendus et le sac de lyophilisé qui a pris l'eau dans le retournement, je peux avoir vingt-cinq jours à condition de me rationner sévèrement et de manger les plats que j'avais détestés. Je peux m'autoriser un dessert tous les trois ou quatre jours, deux pâtes de fruit par jour, une ou deux barres de chocolat par semaine. Je dois quand même arriver avant la fin du mois. En fait, je ne sais plus quoi penser. Dans pas longtemps, je vais retomber sur mes traces d'il y a vingt jours. Super. Vingt jours perdus. Ce qui est fait est fait. J'espère juste que ça va tourner dans le bon sens. « Dès que le vent tournera, je repartira », comme le chante Renaud.

Aujourd'hui, j'ai fait une pointe à 0,2 nœud sur une heure. C'était la meilleure perf du jour. Dire qu'il y a quinze jours je n'étais qu'à 380 milles d'Ouessant… aujourd'hui, je suis à plus de 600 milles. En fait, les éléments m'ont entendu et ils se sont dit « Ah ! oui, tu crois que tu vas rentrer chez toi peinard, comme ça ? Attends deux secondes, tu vas voir » et vlan ! vent d'est : 20, 30, que dis-je, 40 nœuds dans le pif !

Il faut rester positif, il me reste de la nourriture, je n'ai pas le droit de me plaindre. Je suis sûr d'avoir perdu les douze kilos que j'avais pris entre les deux traversées. Je mange, pourtant, mais j'ai toujours faim. C'est dur de ne pas manger à sa faim. Je dois être à 2000 calories par jour alors qu'il m'en faudrait 4 500 minimum pour étaler les dépenses.

Jour 86

Un arc-en-ciel. Mon petit Pedro, toujours fidèle au poste…

Rien de mieux pour commencer la journée.

Une lune qui se dessine. Et des étoiles qui peu à peu s'allument…

Rien de mieux pour…

Entre les deux, une journée. Deux heures de rame puis une heure de pompage, deux heures de rame, puis une journée de pompage. Je fais au mieux. Ce n'est ni catastrophique, ni idéal. Un vent de travers, entravant, une moyenne à 1,5 nœud. J'ai rangé l'ancre flottante, je ne veux plus la voir, c'est peut-être de la méthode Coué. Psychologiquement, je suis passé à du positif : ça va tourner comme je veux, je croise les doigts, je prie, j'enrage. Je vais m'en souvenir, de cette aventure. Plus jamais je ne partirai à l'arrache. Je vais me calmer. Je n'ai tellement pas de chance, sur cette traversée. Je commence à me demander si je ne vais pas y passer encore un mois. Auquel cas, je n'aurai pas assez de nourriture. Il faudra que je me déroute, que je trouve une solution. Si je ne mange pas assez, je n'aurai plus de forces. Si j'ai plein de forces, je vais arriver plus vite. En vrai, je ne sais pas si c'est si clair, si je ne me trouve pas une bonne raison pour me faire plaisir. Au petit déj, je peux me faire 1 500 calories !

Si seulement je pouvais être voyant et savoir ce qui va arriver. J'ai bien repéré un cargo qui aurait pu m'aider, me renseigner, j'ai établi le contact, jamais nous n'avons réussi à nous comprendre. Il faut que je fasse tout, tout seul ?

Je ne nage pas, je ne plonge pas, je rame et je désespère. On le sait tous en Bretagne : le vent dominant vient d'ouest. Sauf maintenant. Et mon canot, avec son fardage, est fortement soumis à sa volonté. C'est comme si la terre reculait à mesure que je désire me rapprocher d'elle. Un mirage.

Jour 87

J'avais dit que je ne ressortirais pas l'ancre flottante, je l'ai ressortie. Les conditions sont trop fluctuantes. Je ne peux pas accepter de perdre ce que je gagne, je dois limiter les dégâts. L'ancre ce n'est pas de tout repos non plus, les à-coups sont épuisants, ça me défonce la nuque. Je ne sais pas ce que j'ai fait de mal, mais je le paye. Soudain je vois des feux de navigation, ils se rapprochent vite, je vois le vert, le blanc, le rouge, ça veut dire : droit sur moi ! Je suis à l'ancre, je ne peux rien faire. C'est la merde. Je l'appelle par VHF : rien. Il est là. J'ai l'impression qu'un immeuble me fonce droit dessus. Je sors ma lampe torche pour éclairer la passerelle, signaler ma présence. Je rappelle, toujours rien. Je hurle.

Finalement ça passe juste. Ma lampe éclaire le pont comme en plein jour, c'est vous dire comme il est proche. Quel enfoiré ! Il m'a forcément repéré. Il fait mine de rien. Vraiment pas sympa. Le capitaine a peut-être peur d'être obligé de m'aider – c'est la règle, en mer – et de perdre du temps. J'ai plus de chance, quelques heures plus tard, avec un autre bateau. L'exact contraire. Ce qu'ils m'annoncent sur la météo n'est pas top. Du vent d'est et du sud-est pendant deux jours, avant que ça tourne nord-est. Je n'ai tellement pas de chance, je ne vais jamais y arriver. À moins qu'ils se trompent. Les prévisions sont rarement précises. Un nouvel avion me nargue. Dans deux heures à peine, ils sont à Paris. Les veinards.

Jour 88

J'appelle Pedro, je le siffle, il raboule direct et se met en stationnaire au-dessus de moi. Il est génial, mon petit fou. J'aimerais tellement qu'il me suive jusqu'au bout, et qu'il vienne vivre avec nous sur Yvinec. Je lui présenterai Monique, elle tombera amoureuse, c'est sûr, elle aime les aventuriers.

La présence de Pedro me console de tout le reste. Je vis des contacts privilégiés avec la nature. C'est vraiment ma raison d'être. Mais avec un supplément vent d'ouest, ce serait encore plus ma raison d'être.

Jour 90

Je rêve. Je regarde ma boussole. Le vent est nord. C'est pas mal, ça. Aux avirons ! Je relève l'ancre et je fonce vers Yvinec. Chaque centimètre est important. Quatre-vingt-dix jours, *ninety*, 9 et 0… Je ne pensais pas mettre autant, mais j'avance. Il ne faut pas que je m'emballe, que je force trop, c'est si bon, bon, bon, de pouvoir ramer dans le bon sens. En plus, je suis dehors. Je vois des dauphins, des baleines, des requins et Pedro, tout le monde est là pour fêter l'événement, je me sens accompagné, porté.

Jour 91

Il commence à y avoir du monde. J'ai croisé au moins cinq bateaux. Le premier a failli me rentrer dedans, il arrivait droit sur moi par l'arrière, j'ai pris un coup de chaud… Je l'ai appelé, il a fini par manœuvrer. Je suis une petite crasse imperceptible sur leur radar.

Je suis tombé aussi sur un câblier, le *Layla*, hyper sympa. On a beaucoup discuté. Quand j'ai dit au capitaine, Rudi, que je faisais du *rowing*, il a immédiatement pigé. « Tu es fou, toi ! » Souvent, ils ne comprennent pas trop. Une question d'accent ou de culture. Eux, ils sont là pour bosser, pas pour s'amuser. Le commandant Rudi a traduit ainsi à Alice ce qu'il avait ressenti : « *He is a brave rower. He is very positive and in great spirits.* » Il m'a filé une météo qui s'annonce plus sympa. J'en avais les larmes aux yeux. J'y crois pas, le calvaire est enfin terminé. Ça fait vingt-deux ou vingt-trois jours que je tourne en rond, ça veut dire, si je me projette, que je vais revenir là où j'étais au vingt-cinquième jour. J'ai fait une trentaine de milles efficaces. Ça devient fluide, agréable, je suis délivré, je prends mon pied, c'est le paradis, je peux me mettre torse nu, en maillot et en chapeau. C'est la plus belle journée depuis tellement longtemps. Je la termine avec un petit « 1 500-cal » pour fêter ça. Bientôt, je serai à moins de 400 milles de l'arrivée. Je fais des moyennes à 3 nœuds. Ça se précise. Ce n'est pas pour autant que je fais des prévisions, ça m'a tellement porté malheur. Je vais essayer d'arriver un samedi. Comme ça, toute la famille pourra venir, la Bourgogne, les Bouches-du-Rhône, le Béarn... *tutti quanti* !

Jour 93

Le compteur commence à s'affoler. Cinquante milles ! Pas tout à fait en ligne droite car le vent du sud a tendance à me pousser vers le nord. Je suis trempé, je suis une serpillière, j'ai froid, je suis dans l'action, ça fait trop plaisir. À 320 milles d'Ouessant. J'ai la pêche. Je suis très heureux. Je suis cependant inquiet. Pedro aurait-il senti que j'ai retrouvé mon chemin et s'en est-il allé aider un autre galérien ? Je suis triste de ne plus le voir...

Jour 95

Je rame comme un forcené. Deux cent trente-cinq milles de la terre mère. Vent de plein ouest ou de trois quarts, courants un peu contraires. Il faut que j'arrive. Je prends tout ce que je peux. J'ai fait des surfs à 8 ou 9 nœuds. J'envoie du steak. Je ne me ménage pas une seule seconde. Je suis sur un rythme de 50 milles par jour, trop cool. Je n'ai plus que la bouffe qui pose sérieusement problème. Ça y est, il ne me reste que les invendus dégueu ou moisis, je n'ai plus le choix. Avec ce que je donne physiquement, il faut que je me force à ingurgiter ce que j'ai en boutique. J'en suis au point où, quand j'ouvre un sachet de lyophilisé, de la fumée verte s'en échappe. Certains aliments passent. C'est radical, en fait, pour savoir si ça va passer : je teste, j'avale une petite quantité ; si je cours dans la demi-heure sur mon seau, c'est que ce n'était pas humainement digeste. Généralement, les fruits et chocolats fumés font cet effet. Par contre, si j'ai seulement le bide retourné et les crampes affreuses, mais que ça tient, c'est ça de pris. Je continue, je suis une machine de guerre et je vais arriver chez moi sain et sauf ! J'aurai le temps de bien manger après.

Je croise mon premier bateau de pêche. Tout content. Mais il n'est pas sociable, il ne répond pas.

Jour 96

Ha, ha, ha ! Délivrance, ou presque ! Qu'entends-je ? Un bon accent breton. Un sentiment de chaleur humaine s'empare de moi. Il fait nuit, je les entends à la radio, des pêcheurs de thon. Au petit matin, les deux chalutiers s'approchent. J'ai envie de pleurer, au lieu de ça je saute partout comme un marsupilami. J'éclate de rire. Je suis une boule d'énergie prête à exploser. On discute, je leur raconte tout. Je crie, je ne sais faire que ça. Ils connaissent déjà l'histoire de mon tour du monde avec Monique et savent que j'étais quelque part en Atlantique sur un rameur fantôme. C'est si bon d'échanger. Ils viennent du Guilvinec, le Guil'. Gilles est patron du *Bar ar Anvoriz*, il est accompagné de ses collègues du *Bar Pembez*, ils pêchent en double. Il m'annonce que je ne devrais avoir qu'un seul jour d'est. Ça devrait passer. C'est encourageant d'arriver enfin sur le plateau continental, mais une bonne nouvelle s'accompagne toujours d'un bémol, avec moi. Qui dit plateau continental, dit fond qui remonte et masse d'eau plus sensible aux courants de marée. Et ça tombe mal, on est dans les gros coefficients, comme je le redoutais. Ça va être sportif, très sportif.

Les chalutiers sont partout, un espagnol m'a frôlé. Je ne peux presque plus dormir. Je suis explosé alors que je dois être plus vigilant que jamais.

10.

LE SPRINT FINAL

Jour 97

J'en peux tellement plus. L'euphorie de la veille est dans les chaussettes, enfin, dans les straps de mon poste de rame. C'est foutu, pour arriver le week-end prochain. J'ai ramé vingt heures sur vingt-quatre, j'ai dormi une heure et demie à tout casser et je n'ai fait qu'une trentaine de milles. Le courant va être encore plus fort. En plus, le vent de face va arriver. Jusqu'au bout, jusqu'au bout… Je ne suis pas gâté. Je vais être obligé de ressortir cette foutue ancre flottante. Je n'en peux plus. Je n'ai plus de forces, je n'ai plus de jus. Mon corps arrive à saturation. Moi qui suis pourtant une force de la nature, je me sens toujours invincible, là je suis à genoux, et ce n'est pas qu'imagé. Pour tout vous dire, mon postérieur fait peur à voir. J'arbore toutes les couleurs de l'arc-en-ciel, en plus foncé encore. C'est douloureux. Et si je vous évoque les bijoux de famille ensanglantés, je suis sûr que je vous fais rêver. J'en chie. Je ne peux plus m'asseoir, je ne peux plus ramer. C'est physiquement impossible. J'en suis réduit à sortir toutes les crèmes de ma pharmacie et d'en mettre des couches épaisses. Et après ? Je me rentre sur le ventre, les fesses à l'air. Je dois cicatriser au plus vite. Ce qui m'attend est un sprint final, une épreuve de force, l'ultime épreuve. Je fais le choix de perdre un temps précieux mais régénérant. Demain est un autre jour.

Jour 98

Rien ne va, je suis au bout du rouleau compresseur. Faut que je me ressaisisse. Malgré la douleur, et la peau collée au tissu, je me remets à ramer pour gagner ce que je peux de terrain. Dix milles en vingt-quatre heures. J'en ai pleuré. Mon pauvre Guigui. J'ai craqué. Épuisant. Éprouvant. En plus, je me suis engueulé avec un cargo. Le mec ne voulait pas envoyer de message à terre. Il s'est mis à tellement gueuler que ça grésillait et que je ne comprenais plus rien. Après, je suis tombé sur l'exact contraire, sur un chalutier espagnol, qui s'est approché tout près. Le capitaine voulait m'inviter à bord, il s'est rapproché si près que j'ai cru qu'il allait me péter mon canot. C'était trop chaud. Finalement, il m'a lancé son téléphone dans un sac étanche au bout d'un bout qui sentait fort le poisson. J'ai essayé d'appeler Newt : elle ne répondait pas. Quand ça ne veut pas… J'ai quand même eu Maurice. Ça m'a fait du bien de l'entendre. Lui serait bien resté deux heures de plus à rejouer toute ma traversée. Il m'a rassuré. La météo ne s'annonce pas si épouvantable.

Jour 99

C'est tellement dur. C'est du qui perd gagne. C'est le jeu du chat et de la souris. C'est dur. Si j'osais, je prendrais des photos de mes fesses, elles ne vont guère mieux, les bijoux non plus. On n'est pas fait pour rester assis à ramer dans l'eau de mer plus de trois mois. Tout est à plat, tout est défoncé. Mes jambes, mes bras, mes genoux, mes mains. J'y vais comme une brute épaisse dès que j'ai l'occasion de progresser, ça m'explose. Ça m'a tellement énervé de partir plusieurs fois en travers, que j'ai lâché les avirons, que j'ai tapé, que j'ai gueulé – ce n'est pas trop mon genre, d'habitude je réfléchis avant, là j'ai craqué. Je suis sur dix milles par jour pour quinze à dix-huit heures de rame.

Jour 100

100, cent, sans, jusqu'au sang ! Cent jours que j'y suis. Ah, ah ! ça, c'est du chiffre. Je ne l'avais pas vu venir, au départ, celui-là. C'est dingue. Tu m'étonnes que je devienne fou.

Ça va le faire. Je vais arriver à Ouessant. Je vais prendre mon temps, tranquillou, pour me remettre en forme, pour faire un point sur ce que j'ai vécu, je vais me raser, nettoyer mon bateau un minimum et ramer à la cool six heures par jour, *Easy Cheezy*. Fini d'être au taquet, mollo, Guigui !

Jour 101

Je rame uniquement quand c'est très utile. Je me suis regardé. Je suis mince. J'ai retrouvé un bout de chocolat potable, youpi ! J'avais encore mal cherché. Et je sors ma dernière compote pour fêter ça. Qu'est-ce que ça fait du bien, des bouts de chocolat dans une compote ! Qu'est-ce que j'en ai marre de ce bateau ! Il ne va pas me manquer.

Jour 102

Grand soleil, pas un pet de vent. Je vais me reposer. De toute façon, je suis en montante, le courant m'est favorable pour six heures. Faut juste que j'assure. Les bateaux sortent de partout. L'un d'entre eux est passé à trente mètres de moi, si je n'avais pas manœuvré, il m'aurait coupé en deux. Disparu, Guigui ! Ma VHF en veille, se met à gueuler « *Romane, Romane*, ici *Unif Charly*, on est sur toi dans huit minutes. » Je comprends que c'est un avion. Truc de fou. Je l'entends et je le vois enfin. « On a un visuel sur toi. » Je n'y crois pas, un avion de la Marine nationale ! Le pilote me félicite, m'encourage, me pose des questions. Ils ont plein de messages à faire passer. Il paraît que Maurice et Alice étaient partis à bord d'un canot de la SNSM ce matin, pensant me trouver plus proche de l'archipel, pour me remorquer ; entre-temps un pêcheur a relayé ma position, elle contredisait leurs estimations. Tant mieux pour eux, car je n'aurais jamais accepté de me faire remorquer à quelques encablures de l'arrivée. En fait, ils ne savent pas que je n'avance quasiment plus depuis trois jours. Ils ont donc fait demi-tour au rail. Le rail d'Ouessant, c'est l'autoroute de la mer, c'est super dangereux, la circulation y est réglementée, il y a un rail descendant d'abord puis un rail montant, c'est du gros trafic de cargos. Il vaut mieux ne pas s'y trouver en pleine tempête – déjà que par pétole, c'est chaud... C'est ça, ils s'inquiètent de devoir me récupérer en plein coup de vent, apparemment Éole m'a concocté un comité d'accueil. La houle va monter jusqu'à 3,5 m de sud-ouest, avec des vents du même secteur jusqu'à 40 nœuds, lundi. Super. « Un homme de la mer comme toi, qui a goûté aux sels de la mer, ne va pas se laisser avoir maintenant », me dit le pilote. Autant de chaleur humaine me fait le plus grand bien. « Monique est restée à la maison et compte te priver de sorties pour un moment. » Ha, ha ! Ils ont bien vu que, pendant vingt-cinq jours, j'ai dessiné une boucle pour revenir à un endroit où j'étais déjà passé. « C'est un beau message par rapport à l'adversité. » Du coup, je leur raconte brièvement le semi-naufrage du 3 juillet. Ils me répondent : « Tout le monde ici se dit “mais quel exploit de malade !” » Je ne sais pas si je mérite le survol d'un avion de la Marine, mais c'est clair, c'était mal parti ; honnêtement, c'était chaud. C'était il y a trois mois. Ils se sont éloignés en me donnant rendez-vous sur la terre ferme. Ils m'ont mis le *big smile*.

Jour 103

Nouvelle journée, nouvelle surprise. Je me suis retrouvé bord à bord avec un copain d'Alice, Romain, patron du chalutier *Neptune III*, ils étaient en formation « capitaine » ensemble, il y a quelques années. J'ai comme l'impression qu'Alice a rameuté tous les avions et tous les bateaux du globe à ma recherche ! C'est le FBI, il est temps que j'arrive.

Romain m'a proposé d'embarquer pour une douche et il voulait m'offrir du poisson. Super sympa, mais au point où j'en suis, d'une, je préfère ne pas risquer l'abordage, et de deux, même si je rêve d'un bon poisson, je ne vais pas relâcher mon estomac maintenant avant le dernier coup du sort qui m'attend. Mon corps ne doit pas regoûter au luxe avant d'atteindre la terre ferme. C'est psychologique. Bref, on a longuement discuté, on a essayé d'appeler Alice mais elle était injoignable, sûrement dans un sous-marin avec 007. On a discuté de tout et de rien. Il fait beaucoup de kitesurf, comme moi, sa femme attend un bébé aussi. On se jure de se revoir à terre pour une session kite et un bon poisson !

Plus tard, un avion des garde-côtes m'a survolé et m'a informé que ça allait être un peu sévère sur Ouessant, qu'il valait mieux que je ne me presse pas trop.

J'ai trop hâte de voir les côtes se dessiner. Pourtant, je suis un peu nostalgique. Ça va être bizarre que ça s'arrête mais, en même temps, il faut que ça s'arrête. Ça va être un des plus beaux moments de ma vie.

Jour 105

J'avais trois rêves : un, arriver en France ; deux, arriver en Bretagne ; trois, arriver de jour face à Ouessant. Et je vais le faire ! Trop heureux ! J'ai été un peu moins bon sur les prévisions en jours. Je partais pour soixante-dix à quatre-vingts jours. On s'en fiche, je suis tellement heureux. Il faut juste que je fasse très attention au rail et aux cargos. Il fait trente milles de large. Ils sont partout. Ils peuvent me défoncer sans me voir. C'est mon dernier stress. Il faut que je termine. Je mange ce que je peux, ce que je trouve. Heureusement que je me suis restreint quand j'étais à l'ancre flottante et que je ne ramais pas trop. J'étais grassouillet avant de partir, on dira que j'ai fait un petit régime efficace. Il y avait plus facile, vous me direz ? En tout cas, mon bilan « gâchis de nourriture » est nul pour six mois, qui peut se vanter d'être plus écolo que ça ? Je suis pressé. Je suis excité. Je vais revoir ma Bretagne.

Jour 106

Fini, l'ancre flottante, il faut que je prenne la tangente du rail descendant dès les premières lueurs. Tous mes sens sont en éveil. L'AIS, miraculeusement, émet.

Ce n'est pas un hasard, c'est une récompense. Fin de matinée, je suis entre les deux rails ; j'ai de la chance, il n'y avait pas trop de trafic sur cette première partie. Je m'engage dans le rail montant, je suis le hérisson qui traverse l'autoroute. La mer est encore formée, le vent pousse dans le bon sens, environ 20 nœuds (de vent, pas de vitesse). Mais je ne suis pas manœuvrant pour autant. Un cargo apparaît à l'horizon, je l'appelle pour le prévenir de ma présence le plus tôt possible. C'est encore moins facile pour lui de manœuvrer, il n'y a pas de frein à main sur son immeuble de cent mètres de long lancé à 20 nœuds, et l'inertie est énorme. Pourtant, il manœuvre, non pas pour éviter de m'écraser mais parce qu'il veut m'aider à traverser en sécurité, prévenir les autres derrière de ralentir. C'est incroyable, faire preuve d'une telle solidarité ! De ce côté, j'ai été plus que gâté depuis le début de mes galères, entre les hommes et les animaux. Que de belles rencontres ! Que d'entraide !

À la nuit tombée, mission accomplie. C'était sportif, je n'ai même pas pensé à la peau de mes fesses et de mes c... une seconde ! Je suis galvanisé par mon approche. Ouessant n'est plus qu'à 40 milles nautiques. Il ne faut pas que j'y arrive de nuit. Il va falloir ressortir l'ancre une dernière fois. Je ne peux plus la voir en peinture.

Jour 107

J'ai les larmes aux yeux. Je suis submergé. Je ne rêve pas, je ne rêve plus. Le soleil se lève sur un trait noir qui ressemble à la terre, qui est la terre. Ouessant ! La terre promise, celle où je voulais arriver. Je n'y crois pas. Je me suis tellement battu. Je me suis battu comme jamais. Mon but, c'est le phare du Créac'h, il faut que je passe le méridien. Mon ultime chance sera de croiser un pêcheur à l'aube. Grâce à lui, Alice et Maurice ont un ETA approximatif à donner à la SNSM qui va venir me chercher. Maurice me l'a expliqué lors du dernier Phone Patch. Il connaît tout le monde, à Molène. Il m'y attend avec Alice.

La SNSM approche, mais il me reste 10 milles nautiques avant le méridien de Créac'h. Peut-être trois heures de rame. Je n'explose pas encore de joie. J'enquille, je tape dedans, j'envoie de la cadence de malade, pourtant la mer est vraiment mauvaise, mes pelles plantent parfois dans le vide. Dans d'autres circonstances, j'aurais peut-être arrêté de ramer, mais à ce moment précis, personne, ni sur terre, ni sur mer, ne peut me dire d'arrêter ! Mes escortes le savent et me suivent en respectant ma dernière volonté.

C'est bon ! Je me rapproche, j'envoie des surfs. Les gars m'encouragent comme si j'étais sur le sprint final du tour de France. Je ne risque pas de me faire doubler, en tout cas !

J'avais répété cet instant. Je jette mes avirons, je prends mon visage dans mes mains trouées, je pleure, je me lève, je hurle, je serre les poings, bras en l'air. J'ai la rage. Je l'ai fait. Tout me disait le contraire. Je suis là. Non seulement je suis vivant.

J'ai traversé l'océan et j'arrive au point précis que j'avais imaginé cent sept jours auparavant.

Je suis sonné. C'est une délivrance. Le bout, enfin. Je suis passé par tellement de choses ! J'ai failli mourir. J'ai tout donné. Jamais je ne me suis autant battu de toute ma vie.

Il est 10 h 49, le jeudi 30 septembre 2021. J'ai franchi la ligne d'arrivée !

Le canot de la SNSM de Molène sonne l'exploit de sa corne de brume. Tout s'arrête. Il s'approche. Opération de crochetage. Je suis pris en remorque. Je reste à bord de *Romane*. Il y a trop de mer pour embarquer et je ne suis pas prêt encore à sortir. Les gars vont vite, *Romane* file à 12 nœuds, j'en ai le vertige. La vitesse, je ne connais plus !

J'aperçois Alice, Johann, Maurice, Marie, dans un semi-rigide. Je retrouve des visages connus. C'est le début de la reconnexion. C'est un atterrissage doux, j'ai la chance de ne pas être projeté brutalement dans une foule, dans une ville. Je vais faire des étapes.

Newt n'est pas encore en vue. Elle doit faire attention à notre fille.

Ouessant s'efface, Molène s'annonce. Sur ce caillou battu par les éléments, cet îlot de labeur, repaire de marins tous terrains et de goémoniers, mon corps retrouve physiquement la terre ferme. Contact. Un petit débarcadère. Un escalier. Alice me crie d'y aller mollo. Je trébuche, me rattrape sur les mains. Je suis au téléphone avec Newt, je veux tout faire en même temps. Je titube, je ne suis pas loin de tomber de la digue. Trois mètres de hauteur, avec des cailloux en dessous. Je veux voir Newt, elle est sur le continent. Je veux voir son ventre. Je ne peux plus attendre. Alice me montre une photo. Indescriptible émotion.

Molène n'était qu'un stop, le temps d'une saucisse locale aux algues et des prémices de ma sociabilisation. On va pouvoir passer à l'étape suivante. Reprendre le convoi jusqu'au goulet de Brest. C'est reparti à bord de la vedette avec mes amis. On rigole, je jette un œil sur *Romane* qui suit dans les vagues. Le jour s'étire et décline en passant le phare de la pointe Saint-Mathieu.

Le continent grossit. Plage de Sainte-Anne. Une maison de granit regarde la mer. Philippe et Françoise, des cousins de cousins éloignés, nous ont très gentiment concocté une étape secrète et intime. J'amarre *Romane* sur une bouée. Un paddle s'approche. Dessus, une jeune femme souriante, au ventre arrondi. Newt. « Salut, beauté, j't'emmène faire un tour ? » Je n'ai rien trouvé de mieux à dire. L'essentiel est dans nos regards, dans notre étreinte, dans nos gestes, dans cette évidence partagée.

On nous attend. On accoste. Un chien que je connais bien passe son chemin. Bosco. Il ne saute pas de joie. J'ai perdu quatorze kilos. Ai-je changé à ce point ? Bosco boude. Et puis, ce sont les frangines, Nolwenn, Maureen, et Coco, Loulou, les amis. Monique la retraitée est restée dans son poulailler. Il faut la préserver.

Ils veulent savoir, moi aussi. Trois mois de black-out. On a tant à se dire. Personne ne sait vraiment pour mon chavirage, personne ne sait pour ma solitude. Je parle, j'écoute. Je retrouve des plaisirs simples. Je suis douché, je suis propre. Je dévore une viande, je me délecte de sushis.

Notre chambre a vue sur mer. Je suis cuit. Je n'ai pas envie de dormir. Newt a tant à dire. J'ai tant à dire.

Jour d'après

« Guirec, Guirec ! »

C'est pour moi, ces cris, cette joie, sur les quais de Brest.

Un remorqueur de haute mer ouvre la parade en faisant jaillir un jet d'eau de 80 m de haut.

Des bombardes et des binious sortent des sons entraînants.

Des centaines de personnes forment une haie d'honneur sur la digue.

De leurs mains s'agitent des drapeaux bretons.

Un magnifique yacht classique tire des bords autour de moi.

Des dizaines de plaisanciers, à voile ou à moteur, à la rame aussi, m'accompagnent sur le dernier mille de ces 8 000 kilomètres d'ouest en est, avec les détours.

Un hélicoptère militaire survole la scène. J'y ai vraiment cru quand Alice s'est esclaffée : « C'est le président, il est là aussi ! » Ha, ha ! Les blagues m'avaient manqué, aussi.

Je crois bien que mes yeux se mouillent. Je ne sais pas qui regarder. C'est trop.

J'accoste le ponton d'accueil de la marina du château. Les micros se tendent. Mes petits neveux grouillent : « Guigui ! Guigui ! » Mon frère, force de la nature, entonne de sa plus grosse voix : « Il est vraiment, il est vraiment, il est vraiment phé-no-mé-nal ! » Tandis que ma sœur Fantig surenchérit d'un « Petit con ! » de trois cents décibels.

Ahahah ! la famille, c'est précieux.

Je raconte.

C'est un miracle que je sois là, avec mon bateau. J'ai une bonne étoile au-dessus de moi. Je suis passé par tellement de choses. Je suis tellement content d'être arrivé. J'étais seul, pourtant je n'ai pas souffert de solitude. Monique n'est pas partie avec moi, c'était mieux comme ça.

Je ne m'appartiens plus tout à fait. J'ai ramé, ramé, ramé… Je rentre moins seul que jamais.

J'ai l'humour un peu nul parfois. L'humour, ça cache aussi les sentiments. C'est une arme, c'est un bouclier. J'ai annoncé à Newt que je repartais pour le Pacifique. Elle n'a pas vraiment ri. Elle m'a fait promettre de ne plus jamais remettre mes fesses sur un rameur. J'ai fait l'Atlantique dans les deux sens, je suis interdit de Pacifique.

J'aurai passé six mois à ramer.

J'ai une envie pressante. Retrouver Yvinec. Retrouver Monique.

C'est mon havre, mon évidence.
Il n'y a pas plus bel endroit pour attendre Maé.

La bonne étoile qui me surplombe est toujours allumée.
Merci Papa.

ÉPILOGUE

Maé est née. J'ai trente ans. Je vais moins penser à moi. Je l'ai beaucoup attendue, loin de Newt, loin de tout, en mer. Je ne pouvais que réfléchir. Maé est née, et ça va changer ma vie. Le centre de mon monde, c'est désormais elle. Voyager encore, oui. De plus en plus, tous ensemble. Maé est née. Son prénom s'est tout de suite imposé. Newt avait dressé sa liste, elle devait me l'envoyer quand j'étais en mer. Juste avant de partir, je lui ai suggéré. Il était dans sa liste ! Ma mère m'avait offert un livre sur les prénoms bretons. Il a disparu dans le retournement. Maé est dérivé de Maël, c'est breton. Restait à se mettre d'accord sur un deuxième prénom éventuel. Un peu sous la forme de blague, j'ai proposé Monique. On l'a testé sur des amis. Certains ont trouvé l'idée sympa, d'autres nous ont pris pour des cinglés, ont halluciné, ont cru qu'on leur faisait une blague. Et puis Maé est née. On nous a demandé les prénoms. On a ajouté Monique. Les infirmières ont souri…

Maé
Monique
Soudée
29 novembre 2021
00 h 51
3,560 kg
50,5 cm
À bientôt, en Bretagne ou sur les océans, on vous embrasse !

Newt, Guirec, Monique, Bosco et Maé

REMERCIEMENTS

Je souhaite remercier ma grande famille qui me soutient à travers chacune de mes aventures malgré toutes les émotions et l'inquiétude que je lui fais subir.

Chapeau bas à mes partenaires, car eux aussi ont risqué l'aventure avec moi sans peur des embruns ! La région Bretagne, Agaphone, Efisens, A+ International, MGS industries, le département Côtes-d'Armor, Groupe Saturne, Guy Cotten, Gavottes, la Paimpolaise conserverie, le Black Ginger, Isermat Secamat, Opinel, Voyager, Manera, Coccinelle fleuriste, MYG design, First Light Boatworks, Meta, Chez Ty Kouign, PPA, Captain Jo Boat Charter, Burr Bros, Bretagne Huîtres, Itabnav, Respire, TEEM Pordic, Isa la Trégoroise, Petzl, Chandon de Briailles, Grand Hôtel de Port-Blanc, Jackie, Joseph Drouhin, SAS Saint-Martin, Brest Événement nautique, Lyophilise and Co, et ma belle commune de Plougrescant ;)

Remerciements spéciaux à Alice et Newt pour leur patience, leur sang-froid mais aussi leur implication dans l'écriture de ce livre et dans tous mes projets fous ! Newt, promis, je ne te refais plus vivre ce silence radio !

Merci à Maurice pour son aide précieuse, merci aussi à Johann, Bill, Woody, Gilles, Catherine, Marie, Pierre…

… À toutes les personnes qui m'ont aidé en cours de route, de la Bretagne aux États-Unis en passant par les Antilles, El Hierro, Molène…

Les cargos, les pêcheurs qui ont relayé mes messages à la terre ferme, mais aussi au Cross Gris-Nez, à la Marine nationale et à tous ceux qui ont eu confiance en moi et m'ont permis de mener à bien cette aventure hors du commun qui restera à jamais gravée dans ma personnalité.

Crédits photos : Guirec Soudée,
Johann Pidoux, Chris Smith, Likka.

TABLE DES MATIÈRES

Deuxième partie : Le retour

Direction : Jean-Louis Hocq
Direction éditoriale : Jean-Philippe Bouchard
Édition : Maxime Lafon
Correction : Judith Lévitan
Couverture : Louise Gardebois
Mise en pages : Nord Compo
Fabrication : Emmanuelle Laine

Achevé d'imprimer par
Normandie Roto Impression s.a.s.
N° d'impression : 2300095

Imprimé en France